B. CORTINA SAGREDO, S. DOUCINET

Crédits iconographiques :

Source : stock.adobe.com, ©Adobe Stock :
p. 9 : © Davide Angelini ; p. 12 © Dmitri Naumov ; © Yuri Kisialiu ; p. 13 : © Stillkost ; p. 14 : © Damir Khabirov ; © OceanProd ; p. 15 : © New Africa © JackF ; p. 16 : © olezzo ; © Anton Petrus ; © Anna ; p. 17 : © Pixel-Shot ; p. 18 : © Tim UR © Alekss ; © Sylvie Thenard ; © Hicham ; p. 21 : © Eléonore H ; p. 23 : © mavoimages ; p. 24 : © New Africa ; © Vita ; © olgaarkhipenko ; © Alexandra_K ; © Elnur ; © Art14 ; © mialcas ; © N-Photos ; © Tarzhanova ; © oleh11 ; © Liaurinko ; p. 25 : © bruno135_406 ; © Bangkok Click Studio, p. 26 : © Rido ; © Lumos sp ; p. 27 : © Brian ; © TarikVision ; p. 29 : © Aleksandr Rybalko ; © Krakenimages.com ; p. 30 : © Olena Zn ; p. 31 : © Tarzhanova ; © itim2101 ; © Hayati Kayhan ; © Brad Pict ; © Coprid ; © lcrribeiro33@gmail ; © helenedevun ; p. 35 : © insta_photos ; p. 37 : Maridav ; p. 38 : © INTERPIXELS ; © S.Hexclusiv ; © magdal3na ; © ALF photo ; © lucky-photo ; © mrek stefunko/EyeEm ; © Alexander ; © aapsky ; © Katrine ; © mvc_stock ; © Richard Villalon ; © milosk50 ; p. 39 : © Victor ; p. 40 : © Seventyfour ; © astrosystem ; © cherryandbees ; p. 41 : © Drobot Dean ; © ronstik ; © Leigh Prather ; © mahod84 ; © alessandrozocc ; © M.studio ; © dcw25 ; © Sunflower ; p. 43 : © zaretska ; © kavardakova ; p. 44 : © mimagephotos ; © luismolinero ; © Gilles Rivest ; p. 46 : © SHOTPRIME STUDIO ; © Kakrenimages.com ; © Pixel-Shot ; p. 47 : © luismolinero ; p. 51 : © Ingo Bartussek ; © p. 52 : © zest_marina ; © pticelov ; © Dantok ; © Y.L.Photographies ; © AA+W ; © MIKE RICHTER ; © Chlorophylle ; © lotosfoto ; © Denis Aglichev ; © Scanrail ; © industrieblick ; © mstudio ; © Alexandra_K ; © Francis Lempérière ; © sherlesi ; p. 54 : © SmitMax ; © UMB-O ; © PUNTOSTUDIOFOTO Lda ; © moodboard ; p. 55 : © Halfpoint ; © p. 56 : © Onidji ; © sata_production ; © PackShot ; p. 57 : silverblack ; © ALAIN VERMEULEN ; p. 58 : © naum ; p. 60 : © tobago77 ; p. 68 : © myothep ; © Monkey Business ; p. 69 : © Christian Schwier ; © MurielleB ; © DURIS Guillaume ; p. 71 : © Davide Angelini ; © PierreArt ; © aquaphoto ; © eloleo ; © L.jupco Smokovski ; p. 72 : © Prostock-studio ; © Elnur ; p. 73 : © nuvolanevicata ; © WabiSabi vibes ; © psychoshadow ; © Madrugada Verde ; © Kevin Carden ; p. 74 : © Clement C/peopleimages.com ; p. 75 : © AKV ; © Pixel-Shot ; © zilvergolf ; p. 77 : © iARTS_stock ; p. 79 : © fotofuerst ; p. 80 : © Kalyakan ; © eyewave ; © dacianlogan ; p. 81 : © BillionPhotos.com ; p. 83 : © withcomberd ; © Animaflora PicsStock ; p. 84 : © EFStock ; © Sylverarts ; p. 85 : © biggerthanus p. 88 : © Vladimir Semenov ; p. 91 : © 300_librarians ; © Seventyfour ; p. 93 © ronnybas ; p. 95 : Damir Khabirov

Source Alamy Images :
p. 12 : © Le trafic et les touristes au centre-ville P. 42 : © affiche officielle festival de Toronto ; p. 47 : © Stromae ; p. 49 © Leïla Slimani

Source : © AKG images :
p. 8 : Courbet / Le Désespéré : akg-images / Archives CDA ; p. 9 : Frida Kahlo, self-portrait with Monkey : akg-images ; autoportrait Le douanier Rousseau ; Cezanne : autoportrait / akg-images ; autoportrait Marie-Denise Villers ; Vigée-Le Brun, Autoportrait au chapeau de paille, The National Gallery, London / akg ; Luisa Vidal : akg-images / WHA / World History Archive ; autoportrait aux bésicles, J.B Chardin / akg images ; Van Gogh / Autoportrait oreille coupée ; autoportrait au chapeau, Paul Gauguin ; akg-images ; Portrait de l'artiste au gilet vert, Eugène Delacroix, akg images ; p. 22 : Manet, akg-images / Album / Joseph Martin ; p. 78 : Magritte : Photothèque R. Magritte / Adagp Images, Paris, 1936 ; p. 64 : "The State Hermitage Museum, St. Petersburg" Photograph © The State Hermitage Museum /photo by Konstantin Sinyavsky

p. 27 : © John Holcroft ; p. 33 : Joanna Margarit ; p. 38 : © Découverte Classique CLE International ; p. 42 © Manuel Moutier ; p. 45 © Getty Images Stephane Cardinale-Corbis/Contributeur ; p. 47 : © Christophel ; © Gallimard, collection blanche ; p. 86 : © Jean-Christophe PAVIOT ; p. 47 : © Adagp, Paris, 2023 - Cliché : Adagp images ; p. 84 : © Christophel

Photos fournies par les autrices :
p.12 ; p.14 ; p. 30 ; p. 32 ; p.54 ; p. 59 ; p.61 ; p. 63 ; p. 69 ; p.70 ; p.75 ; p. 89 ; p. 95

Audios disponibles en ligne ou en téléchargement sur l'espace digital

en-vrai.cle-international.com

ou directement en scannant QR code ci-dessous :

Direction éditoriale : Béatrice Rego
Marketing : Thierry Lucas
Édition : Brigitte MARIE
Maquette : Dagmar Stahringer/Isabelle Vacher
Couverture : Miz'enpage
Enregistrements : Lumiiq

© CLE International, 2023
ISBN : 978-209-035880-3

Avant-propos

EN VRAI est une méthode de français langue étrangère destinée à des lycéens dans le but de les accompagner et de les motiver dans leur apprentissage du français.

Cette méthode est le fruit de nombreuses années d'expérience des auteures avec des apprenants de français et met à disposition des outils et des stratégies qui ont fait leurs preuves. Tout est vrai !

EN VRAI s'inscrit dans la ligne marquée par le **Cadre européen de référence pour les langues et le Cadre complémentaire de 2018**, avec son **approche actionnelle** et par **compétences et le travail de la médiation**. Dans cette perspective, les activités proposées permettent à l'élève de jouer un rôle actif dans son apprentissage en le sollicitant grâce à des tâches qui sont à sa portée, et d'autres qui sont plus complexes tout en le guidant pour aller plus loin.

EN VRAI met l'accent sur la **communication** et notamment sur **l'interaction orale**, en tant qu'activité langagière au même titre que la production, la réception et la médiation. De nombreuses interactions favorisent les échanges en binôme ou en groupe et rendent cette méthode dynamique. En outre, pour solliciter cette interaction, des jeux et des activités ludiques sont proposés dans les leçons.

Le **travail collaboratif et coopératif** proposé permet de **prendre en compte la diversité des élèves**. En plus, dans le but de répondre aux besoins de chaque élève, et suivant la **conception universelle de l'apprentissage**, des modèles de production sont proposés afin de guider les élèves qui en ont besoin.

La **grammaire** et le **lexique** sont travaillés en contexte et sont au service de la communication. Les nombreuses interactions proposées permettent d'assimiler ces contenus linguistiques grâce à leur utilisation et la grammaire est systématisée avec des exercices interactifs sur une plateforme en ligne.

EN VRAI aborde des **thématiques** actuelles et **engageantes** qui interpellent les élèves sur leur quotidien et les **Objectifs de Développement Durable** des Nations Unies pour 2030. Les **compétences cognitives du XXIe siècle.** et les **compétences transversales** sont mises en œuvre à travers différentes rubriques de culture générale ou d'**outils TICE**.

La culture imprègne la méthode aussi bien au niveau du contenu que de la forme. Pour le **niveau B1**, chaque unité commence avec la découverte d'une œuvre picturale francophone pour ouvrir la thématique de l'unité avec une réflexion et une interaction.

La **dimension littéraire** vient renforcer le travail de la langue orale grâce à la lecture à voix haute et ouvre l'élève à la littérature francophone.

Le **Livre de l'élève** comprend 6 unités dont l'approche est variée afin d'éveiller l'intérêt de l'élève. Chaque unité intègre de nombreuses thématiques autour d'une notion centrale et se décline en 4 leçons qui permettent d'acquérir les compétences pour réaliser le projet de l'unité. La page « On révise ensemble » met en œuvre le travail collaboratif pour partager les connaissances de l'unité, consolider les apprentissages et vérifier que tout a été correctement acquis. Finalement, le bilan vient compléter l'unité et permet de valider l'acquisition des compétences. Dans les annexes, les entraînements au DELF proposent des épreuves afin de préparer les élèves aux examens de certification du niveau travaillé.

Des stratégies diverses et variées pour **apprendre à apprendre** sont proposées aux élèves afin d'améliorer leurs processus d'apprentissage.

Le **cahier d'activités** renforce l'acquisition des contenus de chaque leçon. La page « Qu'est-ce qu'on retient ? » permet de faire le point sur les objectifs de communication travaillés dans l'unité et son lexique correspondant, et la page « Portfolio » propose une autoévaluation afin que l'élève puisse évaluer ses progrès.

Avec EN VRAI nous vous souhaitons d'avoir envie de communiquer, d'apprendre le français et de découvrir la culture francophone.

Merci de tout cœur à nos élèves, source d'inspiration et moteur de cette méthode. Votre générosité, énergie et collaboration sont toujours précieuses, sans vous ce livre n'aurait pas été possible.

Les autrices, Begoña Cortina et Sandrine Doucinet

Tableau des contenus

	Découvertes	Objectifs de communication	Grammaire	Lexique et thématique	Phonétique
Unité 1 **Souriez … photo !** *Pages 8 à 21* • **Projet :** Filmez-vous pour vous présenter !	• Lecture à voix haute : *J'aime, je n'aime pas*, Georges Pérec • **Le savez-vous ?** – L'autoportrait – Georges Pérec • **CLIC** : Mur digital et logiciel vidéo	• Présenter un autoportrait • Parler de ses goûts • Décrire quelqu'un • Comparer des personnes • Donner une opinion • **Apprendre à apprendre :** – classer pour comprendre – découvrir un document – travailler en collaboration	• Révision A2 (le présent de l'indicatif) • Le féminin des adjectifs • Le pluriel des adjectifs • Les comparatifs • Les superlatifs • **Le trivial des verbes**	• L'identité • La description • Le caractère • Les goûts • Les relations sociales	Les sons [ə] et [e].
Unité 2 **Mon beau miroir …** *Pages 22 à 35* • **Projet :** Participez à un concours photo !	• Lecture à voix haute : *Nous deux*, Paul Éluard • **Le savez-vous ?** – La mode rapide – Paul Éluard • **CLIC** : Éditeur de photo	• Parler de sujets d'actualité • Comprendre les idées principales d'un document authentique • Exprimer un accord ou un désaccord • Raconter une histoire au passé • **Apprendre à apprendre :** – travailler en collaboration	• Les pronoms relatifs simples • Les adjectifs et les pronoms indéfinis • Le gérondif • Révision A2 (Le passé composé et l'imparfait) • L'accord du participe passé • **Les fléchettes du passé composé**	• Les vêtements • Les médias et les stéréotypes • Les réseaux sociaux • Une rencontre • 🎯 10 : Inégalités réduites	Les sons [y] et [u]
Unité 3 **Marquez le tempo !** *Pages 36 à 49* • **Projet :** Présentez une œuvre francophone !	• Lecture à voix haute : *Monsieur Ibrahim et les fleurs du Coran*, Éric-Emmanuel Schmitt • **Le savez-vous ?** – les pays francophones – Éric Emmanuel Schmitt • **CLIC** : Simulateur de Whatsapp	• Parler de la gestion du temps • Se mettre d'accord, convaincre • Parler de ses projets • Raconter une expérience • Faire des recommandations • Présenter une œuvre • **Apprendre à apprendre :** – repérer un texte informel – travailler en collaboration	• Les pronoms possessifs • Le pronom « en » • Révision A2 (le futur) • La place des pronoms compléments • Les doubles pronoms • Le subjonctif présent (l'obligation) • **Les pronoms compléments font leur cinéma.** • **Ouvrez les portes du subjonctif !** • **Révisons le futur simple !**	• Le temps qui passe • Les objets • Les loisirs • Les films et séries • 🎯 3 : Bonne santé et bien-être	Les sons [b] et [v]

	Découvertes	Objectifs de communication	Grammaire	Lexique et thématique	Phonétique
Unité 4 **Quelle histoire !** Pages 50 à 63 • **Projet :** Faites revivre un vieil objet !	• Lecture à voix haute : *Vieux objets*, Guy de Maupassant • **Le savez-vous ?** – Les compagnons d'Emmaüs – Guy de Maupassant	• Situer dans le temps • Décrire un objet • Évoquer des souvenirs • Raconter une histoire personnelle • Argumenter et justifier un point de vue • **Apprendre à apprendre :** – extraire les idées principales d'un document et les reformuler – travailler en collaboration	• La forme passive • Les pronoms démonstratifs • Le discours indirect • Le plus-que-parfait • Les temps du passé • Les adverbes de manière en -ment • **La géométrie des temps du passé**	• Les objets • La consommation • La famille • Les relations • Les âges de la vie ◯ 12 : Consommation et production responsables	Les consonnes finales muettes
Unité 5 **On se dit tout !** Pages 64 à 77 • **Projet :** Faire peau neuve ? Discutez-en !	• Lecture à voix haute : *Si*, Jean-Luc Moreau • **Le savez-vous ?** – Les rêves – Les tatouages • **CLIC :** Logiciel de voix	• Exprimer des émotions et des sentiments • Faire des hypothèses • Expliquer un problème et donner une solution • Donner des conseils • Raconter un rêve • **Apprendre à apprendre :** – prendre des notes – repérer un contexte formel – travailler en collaboration	• Le subjonctif présent • L'expression des sentiments et de l'opinion • Le conditionnel présent • L'hypothèse incertaine • La cause et la conséquence • **Plongez dans l'hypothèse**	• Les sentiments • Les émotions • L'inconscient • Le bien-être ◯ 3 : Bonne santé et bien-être	La liaison
Unité 6 **S'ouvrir au monde !** Pages 78 à 91 • **Projet :** Agissez pour la planète !	• Lecture à voix haute : *La nostalgie heureuse*, Amélie Nothomb. • **Le savez-vous ?** – Le 7ᵉ continent – Amélie Nothomb • **CLIC :** Logiciel voix et QR code	• Exprimer le but • Parler de défis et d'engagements • Argumenter et exprimer une opinion • Décrire un fait de société • Comprendre un compte rendu d'expérience • **Apprendre à apprendre :** – observer la structure d'un texte – travailler en collaboration	• Le but • L'opposition • La nominalisation • **Branchez-vous aux connecteurs !**	• L'environnement • L'engagement • La consommation ◯ 11 : Villes et communautés durables ◯ 13 : Mesures relatives à la lutte contre les changements climatiques ◯ 14 : Vie aquatique • **Les objectifs de développement durable : qu'avez-vous retenu ?**	Les voyelles nasales [ɔ̃] [ɑ̃] [ɛ̃]

Annexes

- Entraînements au DELF B1 .... p. 94
- Précis de grammaire .... p. 100
- Tableaux de conjugaisons .... p. 106
- Lexique .... p. 111
- Transcriptions .... p. 113

Mode d'emploi

 activité de compréhension orale

 activités en interaction

 jeu

L'ouverture

Un tableau pour introduire la **thématique** de l'unité.

Les **objectifs de communication** de l'unité.

Le **projet** de l'unité.

Une **Interaction** pour briser la glace et s'échauffer.

Une **photo** en lien avec le tableau pour une réflexion critique sur le thème de l'unité.

Des questions d'observation sur le tableau.

Quatre leçons

Un **jeu** pour commencer la leçon 1.

Pour vous aider : des outils pour réaliser l'activité.

Le savez-vous ? Des contenus transdisciplinaires.

Le **QR code** mène à la plateforme interactive et travaille la grammaire de façon ludique.

Des stratégies pour **apprendre à apprendre**.

Le travail des **Objectifs de Développement Durable**.

Des activités de **médiation**.

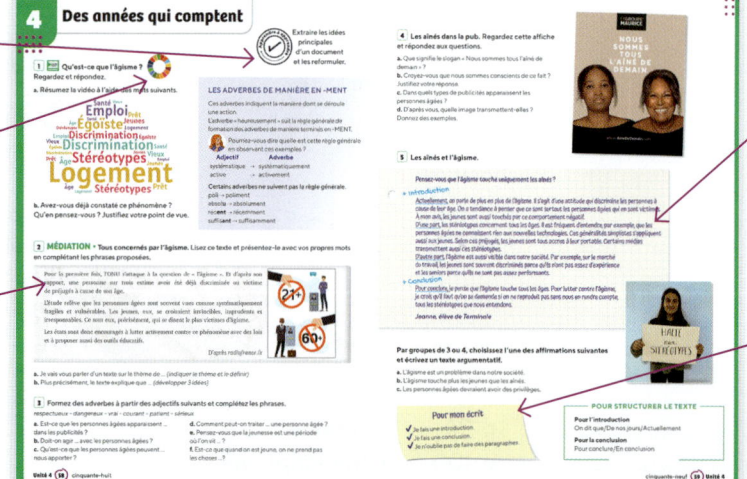

Des **exemples de productions écrites** pour guider tous les élèves, avec leurs diversités.

Des **indications pour guider les élèves** dans les productions orales et écrites.

Des **documents authentiques** ou inspirés de la réalité.

La **grammaire en contexte** et des questions pour réfléchir sur la langue.

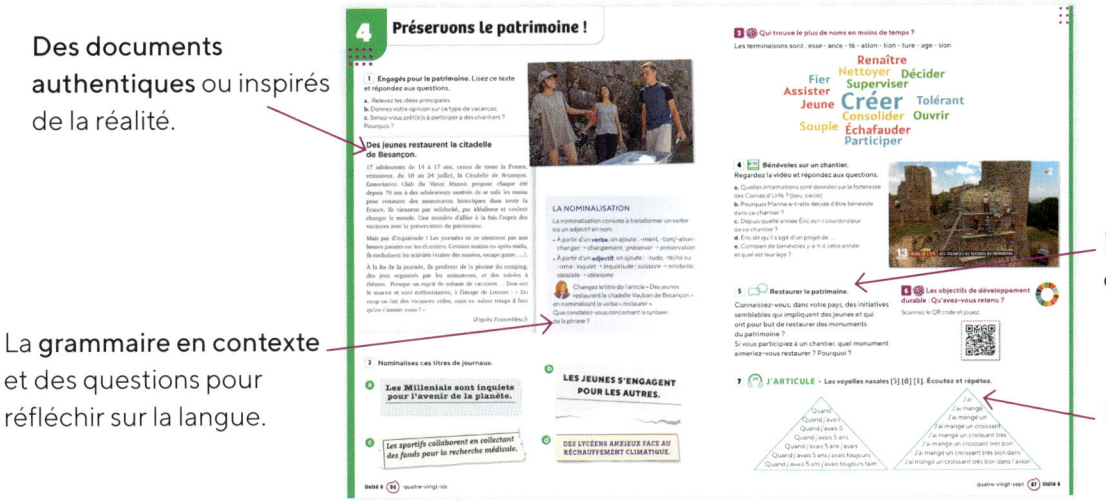

Des **interactions** en binôme ou en groupe.

Le travail de la **phonétique**

Le projet

Le **projet** guidé en 3 étapes.

La **lecture à voix haute**.

Un **exemple de projet** réalisé par des élèves

Des propositions d'outils numériques pour développer la **compétence digitale**.

Le bilan de l'unité

La révision de l'unité avec un **travail coopératif**.

Un **bilan** pour valider l'acquisition des compétences.

Et aussi les **Entraînements au DELF**, le lexique, les transcriptions et un précis grammatical.

Unité 1 — Souriez... photo !

Le désespéré, Gustave Courbet (Portrait de l'artiste. Entre 1843 et 1845)

Vous allez :
- Présenter un autoportrait
- Parler de vos goûts
- Décrire quelqu'un
- Comparer des personnes
- Donner votre opinion

1) Quels adjectifs pouvez-vous associer à cette image ?
2) Pourquoi, à votre avis, le tableau s'intitule ainsi ?

Projet — Filmez-vous pour vous présenter !

 ON SE CONNAÎT ?

Posez des questions à partir des mots proposés.

ÉLÈVE A

- Heure ?
- Prénom ?
- Surnoms ?
- Animaux ?
- Couleur de tes yeux ?
- Piercing ?
- Bons amis ?
- Ville natale ?
- Musique préférée ?
- Films ?
- Couleur préférée ?
- Livre que tu lis en ce moment ?
- Mots ou phrases préférés ?
- Plats préférés ?
- Famille

ÉLÈVE B

- Sports ?
- Couleur de tes chaussures ?
- Couleur de tes cheveux ?
- Ville natale ?
- Permis de conduire ?
- Réseaux sociaux ?
- Ton prénom ?
- Boîte de nuit ou bars ?
- Dernier film que tu as vu ?
- Chanson préférée ?
- Restauration rapide ?
- Un défaut ?
- Sport ?
- Recyclage ?
- Heure ?

3 **Et les selfies ?** Observez et répondez.

a. Quelles sont les différences entre les deux images ? (support, époque…)
b. Quels sont les points communs entre les deux images ?
c. À quoi servent les autoportraits ? Et les selfies ?

1 Qui est qui ?

Le douanier Rousseau, 1890

Marie-Denise Villers, 1801

Frida Kahlo, 1938

Jean-Baptiste Chardin, 1771

Elisabeth Vigée-Lebrun, 1782

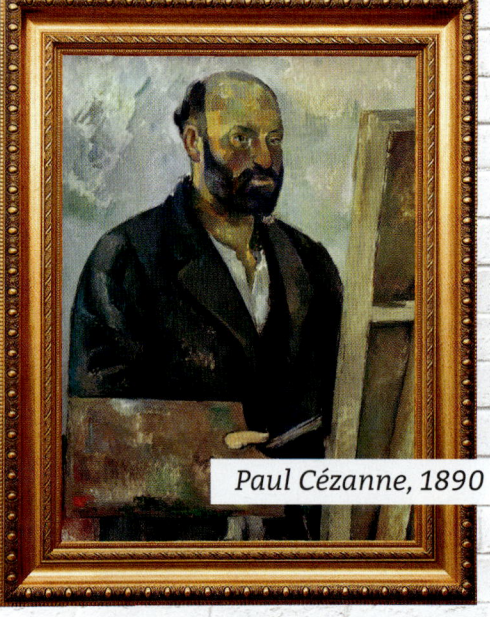
Paul Cézanne, 1890

Paul Gauguin, 1893

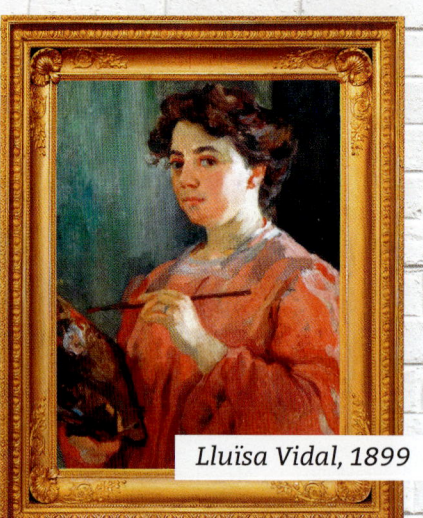
Lluïsa Vidal, 1899

Vincent Van Gogh, 1889

1 **Devinez qui c'est.** Choisissez un de ces autoportraits et faites-le deviner à votre camarade. Vous ne pouvez répondre que par « oui » ou par « non ».

POUR VOUS AIDER

- Est-ce que c'est un homme ou une femme ?
- Est-ce qu'il/elle a les sourcils épais/fins ?
- Est-ce qu'il/elle porte un béret/un foulard/des binocles/un châle ?
- Est-ce qu'il/elle porte une barbe/une moustache … ?

Eugène Delacroix, 1825-1850

2 **Présentez-vous à vos camarades !** Choisissez un de ces autoportraits et mettez-vous dans la peau du personnage.

Exemple :
J'habite en France, je suis né au XIXᵉ siècle, j'ai 51 ans.
Je suis quelqu'un de réservé, calme et très créatif.
Sur mon autoportrait, je suis chauve et j'ai une barbe.
Je porte un costume et une chemise blanche.
Dans ma main je porte une palette de peinture.
Qui suis-je ?

3 **Aliou raconte son histoire.** Regardez la vidéo et répondez aux questions.

a. Depuis combien de temps Aliou habite en Espagne ?
b. De quel pays est-il originaire ?
c. Quels adjectifs utilise-t-il pour se décrire ?
d. Qu'est-ce qu'il aime ?
e. Qu'est-ce qu'il n'aime pas ?

LE SAVEZ-VOUS ?

En peinture, le genre de **l'autoportrait** se développe à partir de la Renaissance car l'individu devient un centre d'intérêt. Certains peintres se sont représentés à différents moments de leur existence, témoignant du passage du temps et de leur évolution personnelle et artistique.

4 **Les 3 verbes en ligne**

Au tableau, chaque équipe conjugue au présent de l'indicatif les verbes proposés pour former une ligne verticale, horizontale ou diagonale. La première équipe qui conjugue correctement 3 verbes en ligne a gagné. → Conjugaison, p. 106

	ILS	NOUS	VOUS
peindre	peignent		
boire	boivent	buvons	
dormir	dorment		dormez

5 **Le trivial des verbes**

Scannez le QR code et jouez.

2 C'est moi ...

1 Voici l'autoportrait d'Angèle.

a. 🎧 💬 Fermez votre livre. Écoutez l'enregistrement. Retrouvez avec votre camarade un maximum d'informations sur Angèle sans regarder le texte écrit.

b. Lisez le texte.

C'est moi, une fille simple…

C'est moi, une fille simple, qui n'aime pas faire d'histoires. Je suis blonde et je mesure environ un mètre quatre-vingts. Je peux être soit aimable et avoir envie de rigoler, soit désagréable, antipathique, tout dépend des personnes avec qui je suis. Dans ma façon de m'habiller, je ne cherche pas à impressionner et je ne me soucie pas du regard des gens.

Je suis assez ouverte avec les gens que je connais, par contre, je suis plutôt timide avec ceux que je ne connais pas. Je laisse les gens venir me parler, je n'aime pas trop aller vers les autres. En fait, il y a des gens qui disent que je suis hautaine et fière mais c'est parce qu'ils ne me connaissent pas assez ...

Si j'étais un lieu, je serais Londres, parce que c'est une très belle ville et beaucoup d'écrivains y ont vécu. Si j'étais un personnage de la littérature, je serais Jane Eyre, parce qu'elle est très courageuse et déterminée, comme moi. Si j'étais un animal, je serais un chat, parce que c'est un bel animal, qu'il est sage, ce que je ne suis pas ...

Angèle (16 ans), élève de Première

c. Choisissez dans la liste 4 adjectifs qui caractérisent Angèle et justifiez votre réponse.

réservée	**extravertie**	*hautaine*
grande	indépendante	**bavarde**
âgée	**cultivée**	*franche*
sage	têtue	*câline*
	étourdie	compliquée

 Classer pour comprendre.

2 Retrouvez tous les adjectifs de cette page et faites deux colonnes pour les classer (féminin et masculin).

3 **Ma fiche d'identité.** Écrivez un texte pour vous présenter. Inspirez-vous du texte d'Angèle.

> **CLIC** Utilisez un mur digital comme Padlet pour partager votre écrit.

Pour mon écrit
✓ Je fais des paragraphes.
✓ J'utilise des adjectifs.
✓ Je vérifie les accords de genre et de nombre entre le nom et l'adjectif.

1 LE FÉMININ DES ADJECTIFS

 Quelle est la règle générale pour former le féminin des adjectifs ?

Invariable : Féminin = Masculin
Elle est *timide*. Il est *timide*.

Féminin ≠ Masculin
Elle est *courageuse*. Il est *courageux*.
Elle est *hautaine*. Il est *hautain*.

2 LE PLURIEL DES ADJECTIFS

 Quelle est la règle générale pour former le pluriel des adjectifs ?

Quand il y a deux adjectifs de couleur on ne les accorde pas.
Des yeux **vert clair**.

4 🎲 **Retrouvez l'adjectif.**

Soyez les plus rapides. Retrouvez …

a. 5 adjectifs invariables.
b. 5 adjectifs féminin pluriel.

---

heureuse   adorable   distraites
                                  curieux
détendue
          intrépides   **enthousiaste**
dépensier
                têtus   sociables
méchantes
          gourmande   prudent
compréhensif
                generéux
                                  polis
honnête   musclés
                                  prévoyantes
          originaux
                                  radin
agréable   sincère

---

5 **Complétez chaque phrase avec un adjectif de l'exercice 4.** Pensez à l'accorder avec le sujet.

a. Les sorcières des contes sont toujours …
b. Une vendeuse doit l'être avec ses clients …
c. Ils veulent toujours avoir raison, ils sont vraiment …
d. Ils font beaucoup de sport, ils sont très …
e. Le contraire de généreux est …

6 **Avec votre prénom, définissez votre personnalité, comme dans l'exemple.**

7 **Transformez ces phrases à partir de l'amorce proposée.** Modifiez le genre et/ou le nombre.

a. Elle porte un chapeau original. Elles …
b. Ils sont beaux et charmeurs. Elles …
c. Voilà des vieux amis loyaux. Voilà un …
d. Il est jaloux et peu compréhensif. Elle est …
e. Ils sont énervés et anxieux. Elles sont …

D épensier
E nergique
N aturel
I mpatient
S cientifique

3 Trouvez votre âme sœur !

1 **Anna et Lola parlent d'elles.**

Écoutez le document une première fois.
Lisez les affirmations ci-dessous.
Réécoutez le document et dites si les affirmations sont vraies ou fausses.

a. Anna sait contrôler ses émotions.
b. Le petit frère d'Anna est moins calme qu'elle.
c. Comme ses parents, Anna pense qu'elle est paresseuse.
d. Anna n'est pas très sensible.

2 **Lisez ces textes et dites à qui correspond chaque affirmation.**

a. Je rêve de partir en voyage avec lui.
b. Je ne sais pas si j'accepterai ses cinq chats.
c. Elle pourra m'aider avec mes devoirs.
d. On pourra regarder toutes les saisons des *Revenants* ensemble.
e. Malgré nos différences, je suis sûr qu'on va bien s'entendre.

LOUNA : J'aime moins les animaux que Sonia et je ne suis pas aussi sociable qu'elle mais j'ai tout de suite senti qu'on pouvait s'entendre. C'est la meilleure de la classe, alors que moi je n'ai pas de bonnes notes. C'est la personne la plus bavarde que je connais !

ROMAIN : Je n'ai pas autant de manies que Mathis mais moi aussi je suis un peu spécial. Nous partageons notre passion pour les États-Unis et quand il m'a parlé de New York, qu'il connaît mieux que moi, j'ai su que c'était mon âme sœur.

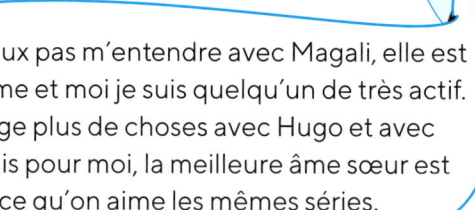

ANNA : Je ne peux pas m'entendre avec Magali, elle est trop calme et moi je suis quelqu'un de très actif. Je partage plus de choses avec Hugo et avec Lynn mais pour moi, la meilleure âme sœur est Alex parce qu'on aime les mêmes séries.

1 LES COMPARATIFS

 Repérez les comparatifs et les superlatifs dans l'exercice 2.

On compare :
- **un nom :**
Romain aime **autant** les États-Unis **que** Mathis.

- **un adjectif :**
Anna est **plus** active **que** Magali.
Louna n'est pas **aussi** sociable **que** Sonia.

2 LES SUPERLATIFS

On distingue un élément :
- **un verbe :**
Sonia parle **le plus**.

- **un adjectif :**
C'est Mathis **le plus** maniaque **de** tous.

Comparatifs et superlatifs irréguliers
bon > meilleur
bien > mieux
mal > pire

3 Faites des phrases à partir de ces éléments en utilisant les comparatifs (+ supériorité), (= égalité), (- infériorité) et les superlatifs (++/--).

a. Sarah/Jeanne/points communs =
b. Nathan/Lucie/dépensier +
c. Kader/Hugo/aller souvent à la bibliothèque −
d. Théo/bon en maths ++
e. Marine/mauvaise danseuse --

4  Choisissez 5 questions et interrogez vos camarades.

Pendant votre conversation, essayez de découvrir :
→ Vos points communs ;
→ Vos différences ;
→ Des activités à faire ensemble.

Questions possibles :
1. Qu'est-ce que tu aimes faire pour t'amuser ?
2. Quelle est ta principale qualité ?
   Et ton principal défaut ?
3. Décris un dimanche matin parfait.
4. Qu'est-ce qui te fait pleurer ? Et rire ?
5. Qu'est-ce qui te passionne le plus dans la vie ?
6. Quel genre de musique écoutes-tu ?
7. Est-ce que tu es organisé(e) ou bien bordélique* ?
8. As-tu des manies ?
9. Définis-toi en quatre mots.
10. Qu'est-ce qui t'agace ?

* bordélique = désordonné(e)

5 MÉDIATION • Présentez vos conclusions.

Exposez les raisons de votre choix. Pour vous aider, répondez aux questions suivantes.

- Avec qui pourras-tu t'entendre ? Pourquoi ?
- Quelle question t'a aidé(e) à faire ton choix ?
- Quels sont vos points communs et vos différences ?
- Quelles activités pourrez-vous faire ensemble ?
- Dans quelle mesure devras-tu t'adapter à ton âme sœur ?
- Avec qui ne pourras-tu pas t'entendre ? Pourquoi ?

Pour mon oral
✓ Je réponds à toutes les questions.
✓ Je compare tous les candidats.
✓ J'introduis et je conclus mon exposé.
✓ J'utilise des adjectifs.

4 Pas sans mon selfie !

1 Que pensez-vous du selfie ?

a. Lisez les phrases ci-dessous et associez. Quelle(s) photo(s) illustre(nt) chaque affirmation ?

1. Le selfie n'est pas futile, on partage un moment vécu. Il raconte une histoire.
2. Avec le selfie on recherche l'approbation et l'admiration des autres.
3. Le selfie surexpose notre intimité.
4. Faire un selfie peut être dangereux, on est trop distrait.

b. 💬 Discutez de ces affirmations avec vos camarades. Vous devez préparer des arguments et des exemples afin de défendre votre position.

POUR EXPRIMER UNE OPINION
- D'après moi, …
- À mon avis, …
- J'ai l'impression que …
- Je trouve que …
- Personnellement, …
- Je suis tout à fait d'accord.
- Excuse-moi de t'interrompre, mais tu as tort.

2 Écrivez un petit texte (entre 100 et 150 mots) pour exprimer votre opinion sur le selfie.

> Faire un selfie peut être dangereux, on est trop distrait.
> *Très bien !*
>
> À mon avis, les selfies peuvent être dangereux.
> Premièrement, c'est vrai qu'il y a beaucoup de cas de personnes qui ont des accidents en faisant un selfie. Par exemple, je connais une fille qui s'est cassé la jambe parce que pour prendre son selfie elle n'a pas vu ce qu'il y avait derrière elle. Il y a eu des faits divers dans la presse avec des personnes qui ont eu des accidents plus graves encore.
>
> *+ Connecteurs*
>
> Deuxièmement, c'est très facile de prendre son portable et de vouloir faire un selfie pour impressionner les gens dans un endroit spectaculaire mais dangereux. Par exemple, un jour, j'ai voulu me prendre en photo avec la mer agitée derrière moi et j'ai eu peur parce que je n'ai pas vu venir la vague et je suis tombé par terre.
>
> *+ Conclusion*
>
> Finalement, selon moi, nous devons faire attention quand nous nous prenons en photo, sans perdre de vue ce qui se passe autour de nous et sans oublier ce qui nous entoure.
>
> Isaac, élève de seconde

POUR ORGANISER LE DISCOURS
- D'abord/Premièrement • Enfin
- Ensuite/Deuxièmement • Finalement

Pour mon écrit
- ✔ J'utilise les formules d'opinion.
- ✔ Je reprends les idées dont on a parlé dans le débat.
- ✔ J'organise mon discours et j'utilise des paragraphes.

Unité 1 — seize

3. J'ARTICULE • Les sons [ə] et [e]. Écoutez et répétez.

Ce
Ce que
Ce que je
Ce que je te
Ce que je te dis
Ce que je te dis est
Ce que je te dis est important

Les
Les clés
Les clés que
Les clés que mes
Les clés que mes amis
Les clés que mes amis te
Les clés que mes amis te donnent

Le selfie, phénomène de société

FRÉQUENCE
À quelle fréquence prenez-vous des selfies ?

- 3 % Tous les jours ou presque
- 10 % Une fois par semaine ou plus
- 13 % Au moins une fois par semaine
- 13 % Au moins une fois par mois
- 34 % Moins souvent
- 40 % Jamais

PROFIL
Proportion de ceux qui prennent des selfies, par tranche d'âge

- 92 % — 18 à 24 ans
- 82 % — 25 à 34 ans
- 60 % — 35 à 49 ans
- 46 % — 50 à 64 ans
- 44 % — 65 ans et plus

OBJECTIFS
Selon vous, quelle proposition correspond le mieux à votre objectif lorsque vous prenez un selfie ?

- 71 % Immortaliser un moment entre proches
- 18 % Partager ou annoncer un moment de vie important
- 8 % Valoriser votre image
- 3 % Faire le buzz sur vos réseaux sociaux

D'après *Le Parisien*

4. Découvrir un document.

a. Observez.
- De quel type de document s'agit-il ?
- De quel sujet est-il question ?
- Comment est organisé le document ?

b. Analysez. Dites si les affirmations suivantes sont vraies ou fausses et justifiez votre réponse.
1. Le phénomène des selfies touche uniquement les jeunes.
2. La plupart des Français prennent des selfies pour montrer aux autres ce qu'ils font.
3. Moins de la moitié des Français ne prennent jamais de selfies.
4. Les selfies servent à certains à faire parler d'eux sur la Toile.
5. La majorité des Français font des selfies avec leur famille ou leurs amis.

c. Interprétez. Justifiez le titre du document.

d. Quelles conclusions se dégagent de cette infographie concernant les selfies ?

Projet — Filmez-vous pour vous présenter !

1. Lisez à voix haute.

Avec un/e camarade, faites une lecture à voix haute de l'un des textes et trouvez un rythme.

Vous pouvez sauter des mots, lire un mot sur deux, intercaler la lecture avec votre camarade, accélérer la lecture, la ralentir et même combiner les deux textes. Soyez créatif !

J'AIME : les parcs, les jardins, le papier quadrillé, les stylos, les pâtes fraîches, Chardin, le jazz, les trains, être en avance, le basilic, marcher dans Paris, l'Angleterre, l'Ecosse, les lacs, les îles, les chats, la salade de tomate épépinée et pelée, les puzzles, le cinéma américain, Klee, Verne, les machines à écrire, la forme octogonale, l'eau de Vichy, la vodka, les orages, l'angélique, les buvards, les coccinelles, les nuages, le chocolat, les énumérations, le bar du Pont-Royal, les vieux dictionnaires, la calligraphie, les cartes et les plans, les paysages plein d'eau, le munster sans cumin, avoir beaucoup de temps, faire des choses différentes en même temps ou presque, Laurel et Hardy, les entresols, la dérive dans une ville étrangère, les passages couverts, le fromage, Venise, Jacques Demy, le beurre salé, les arbres, la Tour Eiffel, les boîtes, Lolita, les fraises, les pêches de vigne, Michel Leiris, les fous rires, les atlas, les fins de fêtes, le café, les noix, Dr. No, les portraits, les paradoxes, dormir, écrire, vérifier que tous les nombres dont la somme des chiffres est égale à neuf sont divisibles par neuf, la plupart des symphonies de Haydn, les melons et les pastèques …

JE N'AIME PAS : les légumes, les montres-bracelets, le nylon, le « kitsch », les lunettes de soleil, le sport, les stations de ski, les voitures, la pipe, la moustache, les Champs-Elysées, la radio, les journaux, le music-hall, le cirque, l'expression « à gogo », les fripes, Charlie Hebdo, Charlie Chaplin, les Chrétiens, les Humanistes, les Penseurs, les « Nouveaux (cuisiniers, philosophes, romantiques, etc.) », les hommes politiques, les chefs de service, les sous-chefs de service, le merlan, les coiffeurs, la publicité, la bière en bouteille, le thé, Chabrol, Godard, la confiture, le miel, les motocyclettes, le téléphone, les cuisses de grenouille, les t-shirts, les coquilles Saint-Jacques servies dans des coquilles Saint-Jacques, la couleur bleue, les films un peu trop suisses, les manteaux, les chapeaux, les portefeuilles, les cravates, les astrologues, le whisky, les jus de fruits, les pommes, les objets « griffés », les perles de culture, les briquets, les biscottes, le Perrier, le gin, les médicaments, les blue-jeans, les pizzas, Saint-Germain-des-Prés, le couscous sauf exception, les bonbons acidulés, le chewing-gum, les gens qui cultivent le style « copain » (Salut ! Comment tu vas ?), les rasoirs électriques, les pointes Bic, les banquets, l'abus des italiques, le disco, la haute-fidélité …

Georges Pérec, extrait de la revue L'Arc, n°76, 1979 (DR).

LE SAVEZ-VOUS ?

Georges Pérec est un écrivain français du XXe siècle. Membre du groupe l'Oulipo, il expérimente avec l'écriture. Son livre, *La disparition* (1969), est écrit sans que la lettre *e* apparaisse une seule fois. Son roman *Je me souviens* (1978) commence ses phrases par « Je me souviens … ».

2. Regardez et prenez des notes !

▶ 02 Claudia parle de ses goûts. Regardez la vidéo.
Qu'est-ce que Claudia aime et qu'est-ce qu'elle n'aime pas ?

a. Observez les photos et associez.
Elle aime …
Elle n'aime pas …

b. Regardez de nouveau la vidéo et prenez des notes sur les préférences de Claudia.

3. À vous !

Filmez-vous et parlez de ce que vous aimez et de ce que vous n'aimez pas.

CLIC Utilisez un logiciel comme iMovie ou Lightworks pour traiter votre vidéo.

Pour mon oral
✓ Je soigne la qualité du son et de l'image.
✓ Je fais participer quelqu'un de mon entourage.

On révise ensemble

En binômes ou en groupes, prenez une feuille pour écrire vos réponses. Vous pouvez consulter vos notes si nécessaire.

Travailler en collaboration
- Je partage mes connaissances.
- Je révise.
- Je consolide mes apprentissages.
- Je me mets d'accord avec mes camarades pour les réponses.

1 Cherchez les contraires.
a. Nerveux
b. Radin
c. Gros
d. Beau
e. Jeune
f. Silencieux

2 Formez le féminin des adjectifs suivants :
a. Ambitieux
b. Radin
c. Compréhensif
d. Roux
e. Doux
f. Moche
g. Blanc

3 Écrivez 3 adjectifs qui commencent par la lettre …
B
G
C

4 Conjuguez les verbes suivants au présent de l'indicatif :
a. Envoyer
b. Voir

5 Conjuguez au présent de l'indicatif les deux premières personnes du singulier des verbes suivants :
a. Sortir
b. Partir
c. Dormir

6 Conjuguez le verbe *recevoir* au présent de l'indicatif.

7 Complétez au présent :
a. Nous (choisir).
b. Nous (vieillir).
c. Nous (finir).
d. Nous (grandir).

8 Prononcez ces phrases en faisant attention aux sons soulignés :
a. Ce que tu penses m'intéresse.
b. Tu bois trop de café le matin.
c. C'est le meilleur fromage.
d. Tu as des problèmes de vue ?

9 *Aussi* ou *autant* ?
- avec un nom
- avec un verbe
- avec un adjectif
- avec un adverbe

10 Dites 3 choses que vous aimez et 3 choses que vous n'aimez pas.

11 Donnez 5 formules pour exprimer une opinion.

Unité 1 — 20 — vingt

Bilan — Unité 1

1 COMPRÉHENSION ÉCRITE

La recherche identitaire de Liang.
Lisez le texte et répondez aux questions. Donnez des réponses précises et utilisez vos propres mots.

Un passé incomplet

Liang a été adopté par Catherine et Roland, deux Québécois qui habitent en milieu rural. Malgré la générosité et la bonne volonté de ce couple, l'enfance et l'adolescence de Liang ont été assez compliquées. Le fait d'habiter un petit village n'a pas aidé non plus Liang. « À l'école j'étais la seule personne aux traits asiatiques alors tout le monde se moquait de moi. Mais le pire c'est que je ressentais un malaise profond que je n'arrivais pas à identifier et qui m'a poursuivi pendant longtemps. »

En effet, les enfants adoptés ont des difficultés pour se construire une identité car ils ne connaissent pas tout sur leurs origines. C'est comme si leur passé était incomplet. C'est pour cela que la plupart d'entre eux consacrent une grande partie de leur vie à faire la paix avec leur identité. Si c'est quelque chose de difficile pour les adolescents en général, pour un enfant adopté c'est encore plus complexe.

Liang a eu le besoin d'en savoir plus sur ses parents biologiques à l'âge de 16 ans. Ses parents adoptifs l'ont soutenu mais finalement il ne s'est pas senti capable de faire cette démarche et il a préféré attendre quelques années. Cette situation est aussi typique dans la vie d'un enfant adopté qui souffre d'un sentiment de culpabilité car il a peur de décevoir ses parents adoptifs.

La peur de l'abandon est aussi un sentiment qui apparaît chez les enfants adoptés. « J'ai eu pendant longtemps la sensation que ma mère adoptive allait m'abandonner, comme avait fait ma mère biologique », raconte Liang. L'adolescence de Liang a été particulièrement dure. Les conflits avec ses parents étaient constants. « Je détestais mes parents et je les culpabilisais de m'avoir adopté. J'étais révolté contre le monde, c'était vraiment dur pour toute la famille. »

À l'âge adulte, Liang a trouvé l'équilibre grâce à une association d'enfants adoptés. Le fait de partager ses sentiments et de pouvoir exprimer ses craintes l'a aidé à avancer. Pour l'instant, il n'a pas besoin de rencontrer ses parents biologiques. « Pour la première fois, je me sens en équilibre, sans haine, sans rage. J'accepte ma vie et je suis reconnaissant à mes parents. Eux aussi ont réussi à accepter des choses et à mieux me comprendre. »

a. On se moquait de Liang à l'école mais qu'est-ce qui le faisait souffrir encore plus ?
b. Pourquoi les enfants adoptés ont-ils plus de mal que les autres à se construire une identité ?
c. Quelle est l'une des peurs des enfants adoptés ?
d. Liang a-t-il eu envie de rencontrer ses parents biologiques ? Pourquoi ?
e. Pourquoi ses rapports avec ses parents se sont-ils améliorés ?

2 COMPRÉHENSION ORALE

Béné nous parle de son identité.
🎧 04 **Écoutez et répondez aux questions.**

a. Qu'est-ce qu'une famille recomposée ?
b. Comment est-ce que Béné décrit son nouveau compagnon ?
c. En quoi était-elle dépendante de son premier mari ?
d. Pourquoi se sent-elle plus libre maintenant ?
e. Quel conseil donne-t-elle afin de préserver notre identité ?

3 PRODUCTION ÉCRITE

Rédigez un texte descriptif d'environ 120 mots.

Décrivez en détail une personne que vous connaissez bien et que vous admirez.

> **Pour mon écrit**
> ✓ J'organise mes idées en paragraphes.
> ✓ J'utilise des adjectifs riches et variés.

> **Pour mon oral**
> ✓ J'indique de quoi je vais parler.
> ✓ J'organise mon discours.

4 PRODUCTION ORALE

Qu'est-ce qui vous distingue des autres ? Qu'est-ce qui vous rend unique ?

Unité 2 — Mon beau miroir...

Un bar aux Folies Bergère, Edouard Manet, 1882

Vous allez :
- Parler de sujets d'actualité
- Exprimer votre accord ou votre désaccord
- Raconter une histoire au passé

1. Où se trouve la femme du tableau ?
2. Que voit-elle ?
3. On ne voit pas la même chose qu'elle. Pourquoi ?

Projet — Participez à un concours photo !

💬 ON S'HABILLE COMMENT ?

Parlez de votre rapport aux vêtements à partir des phrases suivantes.

- Le type de vêtements qu'on retrouve le plus dans votre armoire.
- Le prix maximum que vous êtes prêt/e à payer pour un T-shirt.
- Le dernier vêtement que vous avez acheté.
- Le nombre de paires de chaussures que vous avez.
- Un vêtement qui compte beaucoup pour vous.

4 **Et aujourd'hui ?** Observez et répondez.

a. Quelles sont les différences entre les deux images ?
b. Quels sont les points communs entre les deux images ?
c. Quel objet présent dans chaque image peut refléter des réalités différentes ?

1 Notre image, notre identité

LE SAVEZ-VOUS ?

La mode **rapide** est une tendance qui consiste à produire des vêtements très vite pour pas cher. L'impact social et environnemental de ce type de consommation est néfaste. À l'opposé, la mode lente est une façon plus responsable de consommer, qui propose de donner une vie plus longue à nos vêtements, et alimente le marché de seconde main.

1 🎲 **Retrouvez et citez en 2 minutes un maximum de vêtements et d'accessoires.**

2 🎧 **J'ARTICULE** • **Les sons [y] et [u]**
Écoutez et répétez.

C'est
C'est une
C'est une musique
C'est une musique qui
C'est une musique qui nous
C'est une musique qui nous a émus

Louis
Louis et
Louis et Louise
Louis et Louise ont
Louis et Louise ont bu
Louis et Louise ont bu un
Louis et Louise ont bu un jus

4 💬 **Choisissez l'une des situations ci-dessous et inventez un dialogue en suivant les consignes.**

Situation 1 : **S'habiller pour un mariage**
Consigne parents : Votre fils/fille s'est habillé(e) n'importe comment, vous lui reprochez son choix et vous essayez de le/la convaincre de changer de vêtements.
Consigne fils/fille : Vous défendez vos choix.

Situation 2 : **Dispute pour l'achat d'un vêtement**
Consigne parents : Vous achetez un vêtement avec votre fils/fille pour une occasion particulière. Vous refusez de lui acheter le vêtement qu'il/elle souhaite.
Consigne fils/fille : Vous essayez de convaincre vos parents d'acheter le vêtement souhaité.

3 🎧 💬 **Écoutez Roland et Caroline parler des vêtements de leurs enfants et résumez ces conflits avec un/e camarade.**

POUR VOUS AIDER

- Qu'est-ce que c'est que ces godasses* ? On dirait un clown.
- Mais, il est troué ton jean, c'est normal ?
- Ne me dis pas que tu t'habillais comme ça quand tu étais jeune. La honte !
- Qu'est-ce qu'elles ont mes fringues* ?

Godasses = chaussures
Fringues = vêtements

vingt-cinq **25** Unité 2

2 Brisons les préjugés !

1 🎬 03 **Que sont les stéréotypes ?** Regardez la vidéo et dites si ces affirmations sont vraies ou fausses.

a. Un stéréotype est un mécanisme de survie.
b. Tout le monde peut être étiqueté par un stéréotype.
c. Les stéréotypes prennent en compte l'individualité de chacun.
d. Les stéréotypes deviennent viraux à cause des réseaux sociaux.
e. Les stéréotypes luttent contre la paresse mentale.
f. Les stéréotypes peuvent conduire à l'exclusion.
g. Les jeux vidéo présentent tous des stéréotypes.

2 **Stop aux préjugés !** Retrouvez les pronoms relatifs dans ces posts d'Instagram. Quels mots représentent-ils ?

1. Arrêtons les stéréotypes et les PRÉJUGÉS qui donnent une image préconçue et simpliste.

2. Nous voulons une société où l'on évite les étiquettes.

3. Les mots que nous disons peuvent faire mal.

4. Les moqueries, la discrimination et les intimidations dont sont victimes certaines personnes affectent leur santé mentale et leur vie.

LES PRONOMS RELATIFS SIMPLES

 À quoi servent les pronoms relatifs ?

Sujet : Les préjugés **qui** donnent une image préconçue simpliste.
Complément d'objet : Les mots **que** nous disons peuvent faire mal.
Complément de lieu : Une société **où** l'on évite les étiquettes.
Complément de verbe + préposition « de » : Les intimidations **dont** sont victimes certaines personnes.

3 Complétez les phrases suivantes en vous inspirant de l'affiche.

a. C'est une affiche qui …
b. Sur l'affiche, on voit une fille qui …
c. Il s'agit d'une situation que …
d. Le message que …
e. C'est un problème dont …

4 Cherchez sur Internet et choisissez une affiche sur le thème du harcèlement. Expliquez à vos camarades pourquoi vous l'avez choisie.

J'ai choisi cette affiche parce que …

5 Complétez avec le pronom relatif qui convient.

a. Le harcèlement est une situation … est difficile à vivre.
b. Voici sur mon portable le message … j'ai reçu.
c. Ce sont les élèves … souffrent du harcèlement.
d. Il y a des mots et des images … blessent.
e. Elle m'a parlé des injures … elle a été victime.

6 Écoutez ce document sur le cyberharcèlement et répondez aux questions.

a. Laquelle de ces caractéristiques du cyberharcèlement n'est pas citée ?
anonymat – ampleur – immédiateté – traces – agression
b. Quelle manifestation du cyberharcèlement n'est pas mentionnée ?
moqueries – persécution – injures – photos humiliantes
c. Quelle est la proportion d'élèves qui souffrent de cyberharcèlement ?
d. Complétez la phrase de conclusion : Même s'il n'y a pas de …

7 Avec un/e camarade, choisissez une illustration et commentez-la. Qu'est-ce que cette image veut nous dire ?

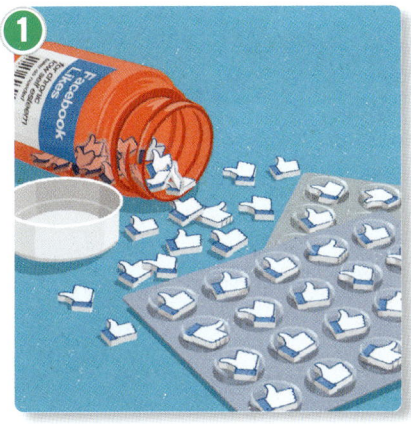

• Pourquoi les « j'aime » sont-ils présentés sous forme de médicaments ?
• Quelles sont les conséquences des réseaux sociaux ?

• Qu'est-ce que cette jeune fille voit ?
• Quelles sont les conséquences des réseaux sociaux ?

3 Des images trompeuses

1 💬 **Les influenceurs, vous connaissez ?** Débattez avec un/e camarade.

a. Suivez-vous des influenceurs ? Lesquels ? Pourquoi ?

b. Pensez-vous que l'argent qu'ils gagnent est mérité ?

2 Apparences et réalité. Lisez ce texte puis indiquez si les affirmations sont vraies ou fausses.

Les influenceurs ou les rois des apparences

Plages de sable blanc, maisons somptueuses … Tel est le quotidien des « influenceurs » qui réunissent des centaines de milliers d'abonnés, parfois même plusieurs millions. Filtres et retouches n'ont plus aucun secret pour eux.

Il faut dire qu'une fois qu'un instagrameur devient influenceur, les marques commencent à s'intéresser à ses activités, et, comme un professionnel, il est parfois payé pour chaque cliché. Mais en faisant de la publicité pour tout et n'importe quoi, ces influenceurs perdent généralement leur authenticité.

Par exemple, une influenceuse a été soupçonnée d'avoir « photoshopé » chacun de ses clichés. Au Taj Mahal, elle n'a pas hésité à faire disparaître tous les touristes du cadre. Certains influenceurs prétendent aussi avoir dormi dans un endroit peu vraisemblable, quelque part au-dessus du vide ou au bord d'une falaise …

D'après www.telerama.fr

a. Rien n'est trop luxueux pour les influenceurs.
b. Les influenceurs ne gagnent rien avec leurs photos.
c. Certains influenceurs publient des photos manipulées.
d. Il n'y avait personne au Taj Mahal le jour où l'influenceuse a pris la photo.

LES INDÉFINIS

Les adjectifs et pronoms indéfinis indiquent différents degrés de quantité, d'individualité ou de totalité au sujet d'une personne et d'une chose.

• Ne + **aucun(e)s**
*Filtres et retouches n'ont plus **aucun** secret pour eux.*

• **Certain(e)s, plusieurs, quelques** + nom
Certains influenceurs

• **Tout(e), tous, toutes** + nom
Tous les touristes

• **Chacun(e)** remplace un nom
Chacun de ses clichés

• **Chaque** + nom
Chaque cliché

 Quels sont les indéfinis qui sont accompagnés de « ne » ?

3 **Qu'est-ce que la loi mannequin en France ?**
Pour chaque phrase, choisissez l'indéfini
qui convient.

a. En France, selon la loi de 2017, *chaque/tout/chacune*
publicité doit indiquer *chacune/plusieurs/toute*
modification de l'apparence corporelle. Il faut signaler
qu'il s'agit d'une photo retouchée.
b. Avec les photos retouchées, les corps sont irréels et
les canons de beauté sont devenus *quelqu'un/quelque
chose/quelque part* de standardisé qui peut mettre en
danger la santé des mannequins.

LE GÉRONDIF

• **En + participe présent**
*En faisan*t

Dans le texte de l'exercice 2, qu'est-ce que
le gérondif sert à exprimer ?
La simultanéité ?
La manière ?
La condition ?

4 **Qu'est-ce que les fake news ?**
Regardez la vidéo et répondez aux questions.

a. D'après la journaliste, comment peut-on repérer que
l'information donnée n'est pas fiable ? (Citez 2 raisons)
b. Pourquoi est-ce que les fake news fonctionnent ?
(Citez 2 raisons)
c. Pourquoi la journaliste parle-t-elle de « ma meilleure
amie » et de « mon cousin » ?

5 Écrivez un petit texte explicatif pour définir les fake news (entre 100 et 150 mots).
Inspirez-vous de l'exemple ci-dessous.

Comment repérer les photos truquées sur Internet ?

+ **Introduction**
Sur Internet, il n'est pas toujours facile de distinguer ce qui est vrai
ou faux.
Voilà comment apprendre à repérer les photos manipulées
et cultiver votre esprit critique :

+ **développement**
<u>Tout d'abord</u>, il est utile de disposer des informations essentielles
sur la photo : son auteur, la date, le lieu où la photo a été prise
et la date de sa publication.

<u>Ensuite</u>, il est recommandé de vérifier les détails visibles sur
la photo. Le but est de voir si ces détails sont cohérents avec
l'information qui accompagne la photo.

<u>Enfin</u>, pour les images, il existe des sites web qui permettent
de voir si la photo n'a pas été détournée.

+ **Conclusion**
<u>Pour conclure</u>, avec la technologie actuelle, tout le monde peut
créer et publier des images. Pour repérer les photos truquées, il est
donc essentiel de faire des recherches pour savoir si l'information
est fiable.

Violette, élève de première

Pour mon écrit

✓ Je respecte les trois parties du texte
(introduction, développement
et conclusion).
✓ Je n'oublie pas les articulateurs
du discours.
✓ Dans le développement, j'apporte
trois idées minimum.

4 Une rencontre

1 🎧 **a.** Écoutez le poème et concentrez-vous sur la prononciation.

b. Faites-vous expliquer les mots que vous ne comprenez pas.

c. Lisez le poème à voix haute : parlez lentement et faites des pauses quand il le faut.

LE SAVEZ-VOUS ?

Paul Éluard est un poète surréaliste français né en 1895. Pendant toute sa vie il luttera contre les injustices et en faveur des révolutions.
En France, pendant l'occupation allemande, son poème *Liberté* a été distribué par des avions anglais à des milliers d'exemplaires.

Nous deux

Nous deux nous tenant par la main
Nous nous croyons partout chez nous
Sous l'arbre doux sous le ciel noir
Sous tous les toits au coin du feu
Dans la rue vide en plein soleil
Dans les yeux vagues de la foule
Auprès des sages et des fous
Parmi les enfants et les grands
L'amour n'a rien de mystérieux
Nous sommes l'évidence même
Les amoureux se croient chez nous.

Paul Éluard

2 Julien raconte sa rencontre avec Marie. **Lisez et répondez.**

Je me souviens parfaitement de la première fois où j'ai vu Marie. C'était à Marseille, il y a environ cinq ans.

Ce jour-là, je me promenais dans le vieux port avec des copains. À côté de la grande roue, nous avons croisé un groupe de filles. Lorsqu'elles sont passées près de nous, j'ai tout de suite remarqué Marie. Nous nous sommes regardés, ça a duré quelques secondes et puis nous avons continué à marcher. Je n'ai pas pu m'empêcher de me retourner pour la regarder encore une fois. Elle s'est retournée aussi puis elle m'a souri et au moment où elle allait me parler, une de ses copines l'a prise par le bras et elles ont continué leur chemin. Je l'ai vue s'éloigner malgré elle. Elle portait une jupe blanche et un débardeur à bretelles bleu ciel. Qu'est-ce qu'elle était belle ! J'étais sidéré par cette fille, par sa beauté, par son regard. J'ai cru que c'était un coup de foudre, vraiment, et que c'était réciproque. Quelques jours plus tard, je suis retourné au même endroit dans l'espoir de la revoir. Mais je n'ai jamais revu cette fille, je ne l'ai pas croisée une seule fois dans la rue. Pourtant, j'ai passé de nombreux moments à penser à elle, c'est encore pour moi une image indélébile, presque comme un rêve que j'aime revivre de temps en temps. Je lui ai même donné un nom, Marie.

Vrai ou faux ?
a. Julien a connu une fille, Marie, qui faisait partie de son groupe d'amis.
b. Quand ils se sont vus pour la première fois, ils se sont parlé.
c. Cinq ans ont passé et Julien n'a jamais retrouvé cette fille.
d. Julien a essayé de la retrouver de nouveau et est retourné du côté de la grande roue à Marseille.
e. Julien est tombé amoureux d'une inconnue.

1 LE PASSÉ COMPOSÉ (rappel)

Savez-vous comment on forme le passé composé ?

Retrouvez dans le texte de Julien :
– des passés composés avec le verbe *avoir*
– des passés composés avec le verbe *être*

Passé composé ou imparfait ?

Lequel de ces temps on utilise pour :
– décrire
– raconter des événements.

2 L'ACCORD DU PARTICIPE PASSÉ

Avec *être* : Elles sont sorties ensemble.
Accord avec le sujet.

Avec *avoir* : Ils n'ont pas parlé avec ces filles et ils ne les ont pas retrouvées.
Accord avec le complément direct s'il est placé avant le verbe.

3 Des couples insolites.
Choisissez deux objets et racontez la fin de leur histoire d'amour à partir des questions suivantes.

a. Où se sont-ils rencontrés ?
b. Comment se sont-ils rendu compte qu'ils n'étaient pas faits l'un pour l'autre ?
c. Qu'ont-ils fait pendant les vacances ?
d. Quelle a été la pire journée de leur relation ?
e. Pourquoi se sont-ils quittés ?

4 Les fléchettes du passé composé

Scannez le QR code et jouez.

5 Et Marie ?
Imaginez que vous êtes Marie et que vous écrivez à une amie pour lui raconter la rencontre avec Julien. Expliquez pourquoi vos amies vous ont tirée par le bras.

Pour mon écrit
✓ J'utilise le passé et l'imparfait.
✓ Je n'oublie pas de vérifier les accords du participe passé.

Projet — Participez à un concours photo !

1. Trouvez un titre pour chaque photo réalisée par un/e élève.

Exemple :

On a tous le droit d'être soi-même

2. Évaluez ce projet réalisé par Alex et Marine. Notez chaque critère sur 2 points et justifiez votre réponse.

AUTEUR/AUTRICE : Alex et Marine

TITRE : Prisonniers

THÈME 1 : Santé et réseaux sociaux

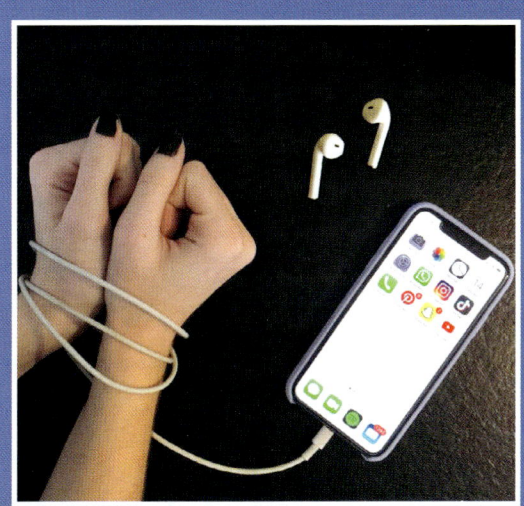

DESCRIPTION :
Sur cette photo on peut voir un téléphone portable qui est branché à son câble. Ce câble est attaché aux mains d'une personne. Sur l'écran du portable on observe les applications de plusieurs réseaux sociaux. Des écouteurs sans fils sont entre le portable et les mains de la personne. Les couleurs sont sombres, la seule clarté provient de l'écran du téléphone.

EXPLICATION :
Nous avons voulu représenter notre rapport aux réseaux sociaux et comment on est emprisonnés par notre image et aussi par la technologie qui est l'outil de communication essentiel aujourd'hui. Nous avons donc pensé à prendre une photo d'un portable, qui est en même temps l'objet qu'on utilise pour des choses qui nous plaisent et qui nous rendent esclaves. Nous avons regardé beaucoup de photos avant de trouver l'idée finale, on en a trouvé sur Pinterest qui nous ont beaucoup inspirés.

IMAGE	Composition *Disposition et choix des objets*	/2
	Qualité *Image claire et techniquement réussie*	/2
TEXTE	Titre *Est-ce qu'il nous interpelle ?*	/2
	Description *Objective ? Détaillée ?*	/2
	Explication *Idées pertinentes et bien exprimées ?*	/2

3. À vous !

Réalisez une photo à partir de l'un des sujets ci-dessous et rédigez une fiche comme celle du modèle réalisé par Alex et Marine.

a. Santé et réseaux sociaux
b. Images trompeuses
c. Image et préjugés
d. Adolescence et apparence

CLIC Utilisez un éditeur de photo en ligne comme Picsart ou Snapseed.

Pour mon écrit
✓ J'utilise le lexique adapté au sujet.
✓ Je suis la structure proposée dans l'exemple.

Votez pour la meilleure photo !

On révise ensemble

En binômes ou en groupes, prenez une feuille pour écrire vos réponses.
Vous pouvez consulter vos notes si nécessaire.

 Travailler en collaboration
- Je partage mes connaissances.
- Je révise.
- Je consolide mes apprentissages.
- Je me mets d'accord avec mes camarades pour les réponses.

1 Complétez.
a. QUE remplace …
b. QUI remplace …
c. OÙ remplace …
d. DONT remplace …

2 Complétez avec le pronom relatif qui convient.
a. La ville … nous avons visitée est trop bruyante.
b. La ville … nous sommes allés l'année dernière était monumentale.
c. La ville … j'ai oublié le nom était au Mali.
d. La ville … nous plaît le plus est la nôtre.

3 Quels verbes se conjuguent au passé composé avec l'auxiliaire *être* et quels verbes se conjuguent avec l'auxiliaire *avoir* ?

4 Quelle est la règle de l'accord du participe passé avec l'auxiliaire *avoir* ?

5 Quelles sont les terminaisons des verbes à l'imparfait ?

6 Prononcez ces phrases en faisant attention aux sons soulignés :
a. Cette m<u>u</u>sique est n<u>u</u>lle.
b. T<u>u</u> es f<u>ou</u> ?
c. Encore v<u>ou</u>s ? Quelle s<u>u</u>rprise !
d. T<u>u</u> me passes le s<u>u</u>cre ?

7 Complétez avec un adjectif ou un pronom indéfini :
a. Cette loi protège aussi les mannequins. … mannequins sont naturellement minces mais d'autres doivent faire des régimes drastiques pour rester minces.
b. Aujourd'hui, avec les outils disponibles sur le net, … peut retoucher des photos.

8
a. Comment forme-t-on le gérondif ?
b. Transformez les phrases suivantes en ajoutant un gérondif.
1. Elle vient au lycée (*marcher*).
2. Il s'est aperçu de son erreur (*écrire*).
3. (*savoir*) ce qu'il s'est passé, il a pu éviter de faire une gaffe.

Bilan — Unité 2

1 COMPRÉHENSION ÉCRITE

Apparences et adolescence

Lisez le texte et répondez aux questions. Donnez des réponses précises et utilisez vos propres mots.

Mathilde, 15 ans, déboussole ses parents, qui ne la reconnaissent plus. Au primaire, c'était une enfant modèle, elle acceptait tous les choix de ses parents. Depuis qu'elle est au lycée, elle a commencé à écouter beaucoup d'électro et à s'habiller avec des vêtements fluo. Maintenant, elle écoute de la musique rap et porte des vêtements trop grands pour elle. Le père de Mathilde a du mal à l'accepter, il voudrait qu'elle soit plus discrète, et cela affecte parfois sa relation avec sa fille. L'autre jour, Mathilde allait lui raconter un incident de classe dans lequel elle avait été impliquée et au lieu de l'écouter, il s'est mis à critiquer sa tenue vestimentaire. Mathilde s'est automatiquement repliée sur elle-même et n'a plus voulu discuter. À la suite de cet épisode, son père a regretté d'avoir perdu sa sérénité.

De son côté, sa mère croit qu'avec les ados, se battre pour l'apparence ou des choix vestimentaires est peut-être une bataille qui ne vaut pas la peine d'être menée. Elle préfère se concentrer sur d'autres choses que sur l'apparence de sa fille. Elle pense qu'il est plus important de lui transmettre des valeurs morales et que les parents doivent ajuster l'éducation de leur enfant en fonction du développement de sa maturité et de son sens des responsabilités. Un ado fait ce qu'on a tous fait à un moment ou à un autre pour s'habiller, à savoir, essayer tous ses pantalons, ses pulls … avant de trouver le modèle qui lui plaît. C'est ce qu'un ado fait avec son identité. Il la cherche, et avant de trouver celle qui lui convient, il est possible qu'il doive en essayer une demi-douzaine ! Cela se traduit souvent par des changements de look et des changements d'attitude ou de philosophie. C'est l'une des tâches les plus importantes dans la vie d'un être humain : trouver son identité et essayer de savoir qui nous sommes ! C'est souvent vers la fin de l'adolescence qu'on accomplit cette tâche. Pour y arriver, les ados font l'essai de plusieurs identités différentes, parfois à un rythme déroutant pour leurs parents. Pourtant, l'adolescence est l'âge idéal pour faire ces essais-erreurs … parce que les conséquences des erreurs ne sont pas aussi lourdes qu'à l'âge adulte, et parce que les parents sont encore présents pour protéger les ados de ces conséquences.

D'après www.lapresse.ca

a. Les parents de Mathilde ne réagissent pas de la même manière face au comportement de leur fille. En quoi réagissent-ils différemment ?

b. Donnez un exemple qui montre que l'attitude du père de Mathilde n'est pas forcément la bonne.

c. Le texte compare le fait que nous essayons des vêtements avant de les acheter avec la quête d'identité des ados. Pourquoi ?

d. Pourquoi est-ce que l'adolescence est l'âge idéal pour se tromper quand on cherche son identité ?

2 COMPRÉHENSION ORALE

 Écoutez et répondez aux questions.

a. Quelle est la définition d'un stéréotype ?
b. Citez quelques exemples de stéréotypes dans les médias.
c. Quelle est l'action de Cindy et ses copains ?
d. Quelle est la conclusion de Cindy ?
e. Quelle est la conclusion de la vidéo par rapport aux stéréotypes ?

3 PRODUCTION ÉCRITE

Rédigez un texte explicatif d'environ 150 mots.

Que sont les préjugés et les stéréotypes ?

Pour mon écrit
✓ J'utilise les articulateurs du discours.
✓ Je n'oublie pas l'introduction, le développement et la conclusion.

4 PRODUCTION ORALE

Vous avez déjà modifié vos photos avec des filtres ou des logiciels ? Pourquoi ?
Que pensez-vous de cette pratique ?
Quelles en sont les conséquences ?

Pour mon oral
✓ Je pars de mon expérience pour ensuite donner mon opinion.
✓ J'utilise des pronoms relatifs.
✓ J'utilise les temps du passé.

Unité 3 — Marquez le tempo !

Femmes de Tahiti ou Sur la plage, Paul Gauguin, 1891

Vous allez :
- Parler de la gestion du temps
- Vous mettre d'accord, convaincre
- Parler de vos projets
- Raconter une expérience
- Faire des recommandations
- Présenter une œuvre

1 À votre avis :
a. Où sont ces femmes ?
b. Quelle est leur relation ?
c. Quel est le moment de la journée ?
d. Pensez-vous qu'elles vivent dans une société stressante ? Pourquoi ?
e. Que feront-elles après ?

Projet Présentez une œuvre francophone !

🗨 CAP OU PAS CAP ?

Choisissez une action ci-dessous et dites si vous êtes capable ou pas de la réaliser. Justifiez votre choix.

- Passer une semaine sans portable.
- Aller à la plage seul/e.
- Rester 5 minutes en silence, sans rien faire d'autre.
- Vous promener seul/e dans les bois.
- Regarder quelqu'un dans les yeux 1 minute, sans rire.
- Ne pas écouter de musique pendant 1 mois.
- Ne pas faire de sport pendant 1 an.
- Ne pas pouvoir faire de recherches sur Internet pendant 1 semaine.
- Préparer vos repas pendant 15 jours.
- Ne pas regarder de séries pendant 6 mois.

2 Observez les deux images et répondez.

a. Que font les personnages des deux illustrations sur la plage ?
b. Quelle est la relation des personnages avec la nature ?
c. Quelle est la perception du temps dans ces deux illustrations ?

1 D'un pays à l'autre

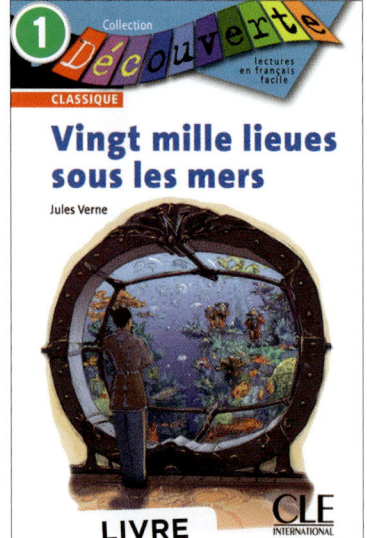
1. LIVRE — Vingt mille lieues sous les mers, Jules Verne

2. FRANCE

3. NEIGE

6. PLAGE

7. VALISE

10. COUSCOUS

11. AVION

12. CANADA

13. BELGIQUE

14. GARE

15. SOLEIL

1 🎲 Des images et des mots. Jouez et gagnez …

Règle du jeu :
– Formez des groupes de 5 personnes maximum.
– Le professeur indique un numéro de photo au hasard.
– Chaque groupe s'inspire de la photo pour écrire 5 mots puis les lit à voix haute.
– Les groupes comparent leurs réponses et comptent leurs points. Les mots rapportent un nombre de points équivalent au nombre de groupes les ayant cités.
Par exemple, si 3 groupes ont écrit le même mot, chaque groupe marque 3 points.

2 ▶05 Qui parle français ?

Regardez cette vidéo et dites si les affirmations suivantes sont vraies ou fausses.

a. 264 millions de personnes au monde parlent français.
b. On parle français sur tous les continents.
c. Le français est la langue la plus parlée au monde.
d. Les francophones sont toutes les personnes qui parlent français.
e. Les francophones arrivent à se comprendre malgré les différences linguistiques.
f. La langue française est toujours en train de changer.

PRINTEMPS

PASSEPORT

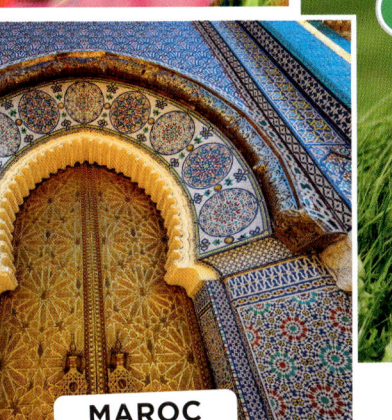
MAROC

DÉCOUVERTE

3 Mes projets de voyage.

Dites dans quel(s) pays vous aimeriez aller et pourquoi.

LES PRONOMS POSSESSIFS

 Quelle est la différence entre un adjectif possessif et un pronom possessif ? Observez les exemples pour répondre à cette question :
*Ils avaient déjà beaucoup de **leurs** amis là-bas. De mon côté, **les miens** étaient tous à Paris.*

Retrouvez les sept adjectifs possessifs et les deux pronoms possessifs dans le texte de Thaïs.

4 L'histoire de Thaïs au Maroc. Lisez.

La vie au Maroc m'a transformée

Un jour, pendant une conversation familiale, j'ai compris qu'on allait partir vivre au Maroc. Mes parents y allaient pour leur travail. Ils me disaient que ça allait être une « expérience géniale », en plus ils avaient déjà beaucoup de leurs amis là-bas. De mon côté, les miens étaient tous à Paris, j'étais dégoûtée de les quitter avec toute ma vie en France. Le 19 août on est arrivés à Casablanca, la plus grande ville du pays. Les premiers jours, je me suis sentie très mal. J'étais choquée par la circulation, les taxis, les bruits … J'étais dépassée. Et puis, il y a eu la rentrée. J'étais dans un lycée français, fréquenté par des expatriés, des Franco-Marocains et des Marocains. Au début, j'ai traîné avec des Françaises qui passaient leur temps à tout critiquer … Il m'a fallu quatre mois pour m'intégrer à un autre groupe. À partir de là, tout a changé. Je me suis mise à adorer ce pays, sa culture, sa gastronomie aussi. La mienne est vraiment différente.
Je suis tombée amoureuse de l'architecture, des médinas, ces vieilles villes où il y a une ambiance extraordinaire.
Depuis mon retour en France, j'essaie de me servir de ce que j'ai vécu pour combattre les clichés … Cette expérience m'a transformée, ça m'a ouvert l'esprit. Maintenant, je sais qu'il existe une infinité de manières non seulement de vivre, mais aussi de voir la vie. Et je sais que quand on a peur, c'est parce qu'on ne connaît pas.

D'après *phosphore.com*

5 Que remplace le pronom possessif ?

a. Les siens étaient à Paris.
b. Le leur était au Maroc.
c. Le sien a des élèves de plusieurs nationalités.
d. La sienne lui a permis de s'ouvrir aux autres.

6 Pourquoi Thaïs dit-elle à la fin du texte : « quand on a peur c'est parce qu'on ne connaît pas » ?

LE SAVEZ-VOUS ?

Un pays francophone est un pays où le français est la langue officielle ou bien est utilisé comme la langue de l'administration, des affaires, de la presse, de l'enseignement (seule ou avec une autre langue).

2 On ne voit pas le temps passer

1 Le temps vous appartient-il ?

Il y a 168 heures dans une semaine. Combien d'heures par semaine consacrez-vous à ces activités ?

- Les repas
- Le lycée
- Les devoirs/ les études
- Les sorties avec les amis
- Les réseaux sociaux
- Les films ou les séries
- Les loisirs

2 MÉDIATION • Discutez de vos réponses à l'activité 1 avec un/e camarade.

a. Qu'est-ce qui vous surprend dans les réponses ?
b. Quelles sont les principales différences entre votre camarade et vous ?

> **LE PRONOM « EN »**
>
> Il remplace un complément introduit par la préposition **de** :
> On **en** a besoin (avoir besoin de + temps)

3 Les 4 types de temps. Observez le dessin. Combien d'heures consacrez-vous à chacun de ces temps ?

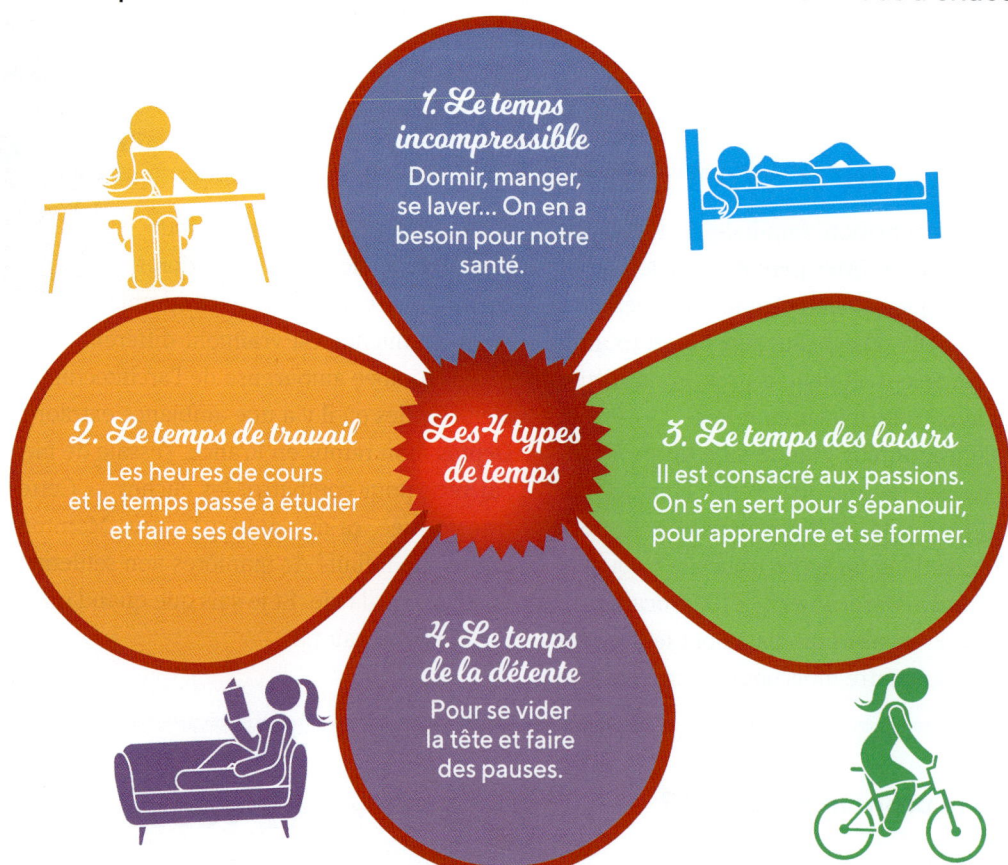

Les 4 types de temps

1. **Le temps incompressible** — Dormir, manger, se laver... On en a besoin pour notre santé.
2. **Le temps de travail** — Les heures de cours et le temps passé à étudier et faire ses devoirs.
3. **Le temps des loisirs** — Il est consacré aux passions. On s'en sert pour s'épanouir, pour apprendre et se former.
4. **Le temps de la détente** — Pour se vider la tête et faire des pauses.

4 Répondez à ces questions en utilisant le pronom *en*.

a. Vous perdez beaucoup de temps avec votre portable ?
Oui/Non ...

b. Vous avez beaucoup de temps de loisirs ?
Oui/Non ...

c. Vous avez envie de planifier votre temps autrement ?
Oui/Non...

d. Vous prenez beaucoup de temps pour les repas ?
Oui/Non...

5 🎧 10 **Écoutez et répondez aux questions.**

a. Quel est le passe-temps de Sacha ?
b. À quelle heure s'est-il couché aujourd'hui et pourquoi ?
c. Combien d'heures par jour en moyenne passe-t-il devant son écran quand il n'est pas en vacances ?
d. Que pensez-vous de la gestion du temps de Sacha ?

6 **Aidez Sacha.** Répondez au mail d'Axel.

> **Nouveau message**
>
> Salut Fatma,
> J'espère que tu vas bien. Je t'écris au sujet de mon frère, Sacha. J'ai pensé à toi parce que je sais que ton frère a eu un problème semblable l'année dernière. Je suis très inquiet pour lui, je ne veux rien dire à mes parents. Je vois qu'il passe trop de temps sur les jeux vidéo, et donc il se couche tard, il ne dort pas assez, et il n'a pas le moral. Évidemment les notes du lycée sont catastrophiques parce qu'il ne bosse* pas assez. Tu peux me donner des conseils pour que je l'aide ? Je suis perdu.
> Bises. À bientôt,
> Axel
>
> *bosser = travailler

Apprendre à apprendre

Repérer un texte informel
J'observe le texte et je repère :
- Les formules de salutations et de prise de congé
- Le tutoiement

7 **Répondez aux questions**

a. Que demande Axel à Fatma ?
b. Pourquoi Fatma peut-elle l'aider ?
c. Quels sont les problèmes de Sacha ?

8 🎧 11 🎲 **Les 10 mots**

Écoutez 10 mots sans les écrire et essayez de les retenir. Puis en binôme avec un/e camarade, citez-les tous.

3 Le temps pour soi

1 📹 **Le festival de cinéma francophone à Toronto.** Regardez la vidéo et choisissez la bonne réponse.

a. Les films de Stéphane Lafleur et Cédric Ido *apparaissent pour la première fois au TIFF/sont les deux seuls films francophones présentés au TIFF*.
b. Le film *La gravité* parle *des difficultés économiques d'un quartier de banlieue/d'un événement qui change la vie d'un quartier*.
c. C'est la première fois que le film de Christian Carion est vu par un public plutôt *anglophone/francophone*.
d. L'actrice du film *Rosie* voudrait qu'on réalise plus de films *bilingues/francophones* au Canada.

2 *En thérapie* : une série pour s'écouter. Lisez la présentation de la deuxième saison de la série.

Une deuxième saison passionnante et formidablement interprétée. Eric Toledano et Olivier Nakache approfondissent leur sujet avec une nouvelle équipe de réalisateurs et un casting renouvelé.

« Cinq ans après les attentats du Bataclan, au lendemain du premier confinement, le psychanalyste Philippe Dayan accueille quatre nouveaux patients : Inès, une avocate quadragénaire et solitaire, Robin, un adolescent en surpoids victime de harcèlement scolaire, Lydia une étudiante venue partager un sombre secret concernant sa santé et Alain un chef d'entreprise pris dans une tourmente médiatique … Divorcé, attaqué en justice par la famille de l'un de ses anciens patients, le docteur Dayan se tourne vers Claire, une analyste et essayiste de renom dont il espère le soutien pour son procès en cours. »

D'après *Arte.tv*

Debout de gauche à droite : Lydia, Alain, Ines

a. Associez les personnages décrits à ceux qui apparaissent sur la photo. Vérifiez vos réponses sur Internet.
b. Est-ce que la description de cette série vous donne envie de la regarder ? Pourquoi ?

3 🎧 Écoutez le podcast et répondez aux questions sur la série.

a. Est-ce que la journaliste nous recommande la série dans son émission ? Pourquoi ?
b. Quel est le format de chaque épisode ? Sa durée ? Son contenu ?
c. Pourquoi la journaliste compare-t-elle la série à une enquête policière ?

4 Lisez ces tweets et retrouvez les pronoms personnels compléments. Que remplacent-ils ?

Dura
@Ddurant

La série « En thérapie » ? Tout le monde la regarde… Je ne m'attendais pas à grand-chose mais elle est pas mal du tout. Son format avec des épisodes de moins de 30 minutes est parfait. Je vous la recommande vivement !

09/11/22

Cricri
@GAËLLE-D

Je l'avais découverte dans le film *Le sens de la fête* et récemment dans *En thérapie*, Eye Haïdara est une actrice avec une carrière prometteuse. Je ne m'en lasse pas ! Elle est toujours aussi talentueuse dans le film *Les femmes du square*.

Vanou
@vanessac

Les épisodes de cette saison 2 d'« En thérapie » sont encore plus poignants et haletants. Vous ne pouvez pas les rater.

Mbrun
@marcbruni

J'ai été déçu par la dernière saison. J'ai trouvé que le scénario manquait de crédibilité. Vous pouvez vous en passer !

1 LA PLACE DES PRONOMS COMPLÉMENTS

- Avec un seul pronom complément, où place-t-on le pronom par rapport au verbe ?
*Tout le monde **la** regarde.*

- Avec deux verbes, dont un est à l'infinitif, où place-t-on le pronom par rapport au verbe ?
*Vous ne pouvez pas **les** rater.*

2 LES DOUBLES PRONOMS

Quand deux pronoms compléments, direct et indirect, sont dans la même phrase, leur ordre est le suivant.
*Je ne **m'en** lasse pas.*

me				
te	le	lui		
	la	leur	y	en
nous	les			
vous				

5 Complétez le dialogue en mettant les phrases dans l'ordre.

Je n'ai pas vu l'épisode.

b. pas/ vu/ai/je/l'/ne
c. pas/ peux /ne/raconter/le/je/te

a. peux/me/expliquer/ tu/l'/ ?

 **d.** déconseillé/on/ l'/te/a ?

e. non/me/amis/recommandé/ mes/l'/plutôt/ont/

6 🎲 **Les pronoms compléments font leur cinéma.**

Scannez le QR code et jouez.

7 💬 **Et vous ?** Quelle série recommandez-vous pour vous détendre ? Pourquoi ?

4 C'est tout un programme !

1 🎧 **Adèle demande un service à Paul.**
Écoutez et répondez aux questions.

Adèle : Salut Paul. Je voudrais passer le weekend prochain au parc de la Mauricie. Tu seras là ?
Paul : Non, il faut que je reste à Montréal pour une compet* de basket.
A : Dommage. Il y aura quelqu'un au chalet ?
P : Non, il n'y aura personne mais ma mère ne veut pas qu'on y dorme si elle n'est pas là.
A : Écoute, il faut absolument que tu m'aides. J'ai une idée : si tu me files* les clés, je te jure que personne ne le saura. Promis, juré. S'il te plaît, fais un effort, il faut que je trouve une solution ou Ben ne voudra pas venir.
P : Ah ! Mais tu sors avec lui ou pas ?
A : Je ne sors pas avec lui mais il me plaît pas mal.
P : Si tu veux que je t'aide, tu devras tout me raconter.

* Compet = compétition
* Files = donnes

a. 💬 Expliquez ce que demande Adèle à Paul, et ce que Paul lui répond.
Avec un/e camarade, imaginez la suite de l'histoire et la conversation entre Paul et Adèle.

b. Lisez le texte et relevez les subjonctifs avec « il faut que ».
c. Relevez les verbes au futur, quel est leur infinitif ?
d. Écoutez de nouveau et relevez d'autres verbes au subjonctif et au futur.

2 🎲 **Ouvrez les portes au subjonctif !**
Scannez le QR code et jouez.

3 🎲 **Révisons le futur simple !**
Scannez le QR code et jouez.

LE SUBJONCTIF PRÉSENT

Observez : que je parle, que tu parles, qu'il/elle parle, que nous parlions, que vous parliez, qu'ils/elles parlent.
Que se passe-t-il aux personnes « vous » et « nous » ?

On peut **exprimer l'obligation** avec :
Il faut que/ il faudra que + subjonctif

Il faut que tu parles avec elle.

4 Vous êtes à Montréal du 10 au 18 juin. Qu'est-ce que vous voulez faire ?

a. Mettez-vous d'accord pour décider à quel concert vous irez.

b. Faites des recherches sur Internet et présentez quelques-uns des artistes de cette affiche.

EDDY DE PRETTO

Eddy de Pretto est devenu en quelques années l'une des voix de la chanson française grâce à son style musical original, entre hip-hop et chanson à texte.
Avec ses jeux de mots, il casse les codes et les clichés du rap, en dénonçant le machisme et l'homophobie. Il se fait connaître du grand public en 2018 avec sa chanson *Fête de trop* et a enchaîné depuis les succès avec des titres comme *Kid* ou *Bateaux mouches*.

5 Envoyez un message par WhatsApp !

Vous avez des places pour le Grand Prix de Formule 1 du Canada. Envoyez un message par WhatsApp à un/e ami/e pour l'inviter.

> **CLIC** Vous pouvez utiliser un simulateur de WhatsApp comme *I fake text message* pour présenter votre écrit.

6 🎧 14 **J'ARTICULE** • Les sons [b] comme « bague » et [v] comme « vague ». Écoutez et répétez.

C'est
C'est vrai
C'est vrai que
C'est vrai que vous
C'est vrai que vous habitez
C'est vrai que vous habitez en
C'est vrai que vous habitez en Belgique ?

Boire
Boire et
Boire et voir
Boire et voir sont
Boire et voir sont des
Boire et voir sont des verbes
Boire et voir sont des verbes différents

Projet — Présentez une œuvre francophone !

1. Lisez.

💬 **Lisez le texte à voix haute. Faites des pauses. Parlez lentement, articulez.**

– Pourquoi est-ce que tu ne souris jamais, Momo ? me demanda monsieur Ibrahim.

Ça, c'était un vrai coup de poing, cette question, un coup de vache, je n'étais pas préparé.

– Sourire, c'est un truc de gens riches, monsieur Ibrahim. J'ai pas les moyens.

Justement, pour m'emmerder, il se mit à sourire.

– Parce que tu crois que, moi, je suis riche ?

– Vous avez tout le temps des billets dans la caisse. Je connais personne qui a autant de billets devant lui toute la journée.

[…]

– M'sieur Ibrahim, quand je dis que c'est un truc de gens riches, le sourire, je veux dire que c'est un truc pour les gens heureux.

– Eh bien, c'est là que tu te trompes. C'est sourire, qui rend heureux. […] Essaie de sourire, tu verras.

[…]

Bon, après tout, demandé gentiment comme ça, par Monsieur Ibrahim, qui me refile en douce une boîte de choucroute garnie qualité supérieure, ça s'essaie…

Le lendemain, je me comporte vraiment comme un malade qu'aurait été piqué pendant la nuit : je souris à tout le monde.

[…]

C'est l'ivresse. Plus rien ne me résiste. Monsieur Ibrahim m'a donné l'arme absolue. Je mitraille le monde entier avec mon sourire. On ne me traite plus comme un cafard.

D'après *Monsieur Ibrahim et les fleurs du Coran*, Éric-Emmanuel Schmitt

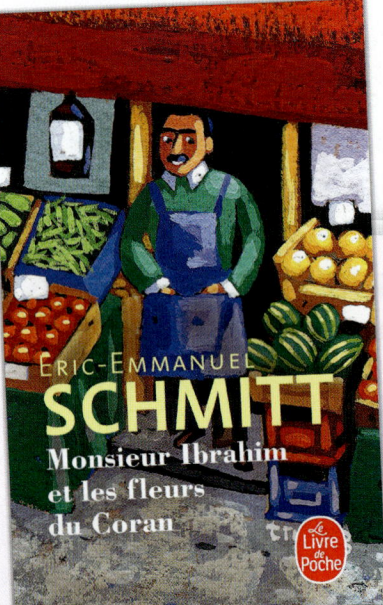

LE SAVEZ-VOUS ?

Éric-Emmanuel Schmitt est un écrivain et philosophe contemporain franco-belge. Il est l'auteur de romans, nouvelles et pièces de théâtre et il a obtenu de nombreux prix littéraires, dont le prix Goncourt en 2010. *Monsieur Ibrahim et les fleurs du Coran* fait partie d'une trilogie qui traite des religions.

2. 🎧 Voici le livre que Camille a choisi de présenter. Écoutez-la et complétez ces informations.

- Œuvre/auteur/date : ....
- Résumé/explication de l'oeuvre : ....
- Motif du choix : ....
- Aspect qu'elle a aimé en particulier : ....
- 4 mots pour résumer cette œuvre : ....

Voici d'autres exemples d'œuvres choisies par les élèves de sa classe.

Timothée a choisi *Le penseur* de Rodin.

Marcus a choisi *Formidable* de Stromae.

Clémence a choisi *Le Fabuleux Destin d'Amélie Poulain*, de Jean-Pierre Jeunet.

Romane a choisi *Mémoire de fille* d'Annie Ernaux.

Maori a choisi *Chuuuttt!!!* de Jef Aérosol.

3. À vous !

Présentez devant la classe l'œuvre francophone de votre choix.

Pour mon oral

✓ J'apporte une image, un texte ou un objet pour illustrer mon œuvre.
✓ J'explique pourquoi cette œuvre me plaît.
✓ Je recommande cette œuvre.

On révise ensemble

En binômes ou en groupes, prenez une feuille pour écrire vos réponses. Vous pouvez consulter vos notes si nécessaire.

Travailler en collaboration
- Je partage mes connaissances.
- Je révise.
- Je consolide mes apprentissages.
- Je me mets d'accord avec mes camarades pour les réponses.

1 Lisez les phrases en faisant attention à la prononciation des mots en gras.
a. Ils aiment le **bon vin** et la **bonne viande**.
b. J'ai une **vague** idée d'où j'ai perdu ma **bague**.
c. Tu ne **vois** pas que tu **bois** trop de **boissons** sucrées ?

2 Remplacez les éléments soulignés par des pronoms compléments.
a. Florence a donné cette pomme à Jérôme.
b. Les élèves ont rendu ces copies aux professeurs.
c. Alice a offert ce vélo à Mathis.

5 Quels sont les pronoms possessifs ?

4 Conjuguez ces verbes au subjonctif présent.
a. Partir
b. Ouvrir
c. Étudier

3 Quels sont les pronoms personnels compléments CD et CI ?

6 Imaginez ce que remplace le pronom « en ».
a. J'en mange très souvent.
b. J'en ai acheté l'autre jour.
c. Je n'en connais pas beaucoup.
d. J'en vois tous les jours.

7 Dans quels pays parle-t-on français ?

8 Citez 6 mots qui ont un rapport avec le temps qui passe.
- Une horloge ...

9 Complétez avec le verbe à la forme qui convient.
a. Il faut lui (parler) ...
b. Il faut que tu lui (parler) ...
c. Il faut que vous (prendre) ... le train.
d. Il faut qu'ils (mettre) ... des limites.

Bilan — Unité 3

1 COMPRÉHENSION ÉCRITE

Le manque de temps.

Lisez le texte et répondez aux questions. Donnez des réponses précises et utilisez vos propres mots.

Le temps et nous

Le sociologue Jean Viard prend le temps de remettre nos horloges à l'heure. Et c'est d'ailleurs en heures, et non en années, qu'il découpe nos tranches de vie.

Nous disposons d'un stock de 700 000 heures : un record absolu de toute l'humanité. Nous dormons 200 000 heures, nous travaillons 70 000 heures, (soit 10% de notre vie seulement) après 30 000 heures d'études ou de formation. Alors, si vous êtes forts en calcul mental, vous aurez compris qu'il nous reste 400 000 heures pour vivre ou traîner, soit quatre fois plus de temps que nos aïeux.

D'où vient cette sensation que nous n'avons jamais le temps ?
Comme les températures ressenties, le temps ressenti n'est pas une notion objective. On aimerait dilater le temps comme sur les montres molles de Dalí, mais à l'arrivée, on a sans cesse l'impression d'être enfermé dans un cadre rigide qui nous contraint.

La raison est simple. Si nous avons gagné 200 000 heures de vie en un siècle, soit environ une vingtaine d'années, jamais nous n'avons eu autant de sollicitations pour dépenser cette rallonge spectaculaire.

Comme le dit Jean Viard : « Nous sommes rentrés dans une société de consommation et même d'hyper consommation du temps. » Et il faut bien s'y résoudre : on ne lira pas tous les livres, on ne verra pas tous les films, on ne fera pas tous les voyages possibles et toutes les rencontres imaginables.

Voilà que se dessine le burn-out du temps libre, comme il existe un burn-out du travail. On veut tellement densifier notre temps qu'on n'en finit plus de courir après lui, de vouloir profiter de la moindre minute pour en faire deux. Sans lâcher nos mails et nos smartphones, qui nous inventent 1000 urgences factices.

Résultat ; et c'est le philosophe Christophe André qui nous y invite : pour profiter de notre vaste temps, il faut décider en toute conscience de renoncer à certaines choses et de ralentir pour mieux savourer l'instant présent. C'est une clef de notre bonheur et de notre apaisement personnel.

D'après radiofrance.fr

a. Nous disposons de plus de temps pour réaliser quelle(s) activité(s) ?
b. Avons-nous plus de temps libre que nos ancêtres ?
c. Pourquoi avons-nous l'impression de ne pas avoir assez de temps ?
d. Qu'est-ce qui nous prend du temps sans que ce soit un besoin réel ?
e. Quel est le conseil de Christophe André ?

2 COMPRÉHENSION ORALE

 **Leïla Slimani nous parle de la francophonie.**

Écoutez et répondez aux questions.

a. Par qui ces questions ont-elles été préparées ?
b. Comment se présente Leïla Slimani ?
c. Pourquoi Leïla Slimani se définit-elle comme une enfant de la francophonie ?
d. Quels conseils donne-t-elle aux jeunes ?
e. Qu'est-ce que la francophonie pour elle ?

3 PRODUCTION ÉCRITE

Donnez 10 conseils pour bien gérer son temps. (environ 150 mots)

Pour mon écrit
✓ J'utilise « il faut que » et l'expression de l'obligation.
✓ J'utilise des pronoms compléments.

4 PRODUCTION ORALE

Vous souhaitez passer un an dans un pays francophone pour étudier le français. Essayez de convaincre un copain ou une copine de venir avec vous.

Pour mon oral
✓ J'utilise l'expression de l'obligation « il faut que/ il faudra que ».

Unité 4 — Quelle histoire !

Rue de Paris, temps de pluie, Gustave Caillebotte, 1877

Vous allez :
- Situer dans le temps
- Décrire un objet
- Évoquer des souvenirs
- Raconter une histoire personnelle
- Argumenter et justifier un point de vue

[1] Quels éléments vous indiquent que cette image ne correspond pas à notre époque ?

[2] À votre avis, que regarde le couple du tableau ?

Projet — Faites revivre un vieil objet !

> ### 💬 UNE PROMENADE DANS PARIS
>
> **Mettez-vous à la place des personnages du tableau. Choisissez une situation et réalisez le dialogue.**
>
> **Situation 1**
>
> **Par groupes de deux**
> Vous marchez en ville et vous apercevez quelque chose de l'autre côté de la rue. Imaginez le dialogue.
>
> **Situation 2**
>
> **Par groupes de trois**
> Un passant croise le couple du tableau et entame une conversation.

3 Observez et répondez.

a. Quels sont les éléments qui montrent qu'il s'agit de deux époques différentes ?
b. Quels sont les points communs à ces deux images ?
c. Dans quelle image voudriez-vous être, pourquoi ?

1 Des objets qui datent

① L'ampoule — L'imprimerie — La roue

② Le cinématographe — La radio — La télévision

③ Le crayon — Le feutre — Le stylo

④ Le verre — Le plastique — Le papier

1 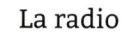 Le temps des inventions

Avec un/e camarade, classez à l'intérieur de chaque groupe les trois inventions de la plus ancienne à la plus récente.

POUR SITUER LES INVENTIONS

Ça date du XIXe siècle.
Cette invention est antérieure/postérieure à …
Ça a été inventé il y a longtemps.
Ça a été fabriqué avant/après …

Le train
La voiture
L'avion

La minijupe
Le bikini
La robe

LES PRONOMS DÉMONSTRATIFS

Celui – Ceux – Celle – Celles

Ils évitent la répétition en désignant des objets ou des personnes.

 Dans le texte, que remplace « celui-ci » dans « *celui-ci reste toujours aussi magique* » ? Trouvez un autre exemple dans le texte de l'exercice 3.

2 **De quel objet s'agit-il ?** Associez chaque définition avec les objets de l'exercice 1.

a. Celui de la marque BIC est sans doute le plus populaire.
b. Celles d'aujourd'hui économisent de l'énergie.
c. La première est celle fabriquée par Carl Benz.
d. Ceux qui ont été inventés en premier ne volaient pas haut.

3 **Une invention magique.** Lisez et répondez.

Qui sont les frères Lumière ?

> Le cinéma a été inventé en 1895 par Louis et Auguste Lumière, deux frères ingénieurs qui vivaient à Lyon, en France. Un film a été projeté en public pour la première fois grâce à une machine qu'ils ont fabriquée. Celle-ci s'inspire du travail de beaucoup d'autres inventeurs, comme Thomas Edison.
>
> Les frères Lumière ont perfectionné l'appareil d'Edison et c'est ainsi que le cinématographe a été fabriqué. Celui-ci sert en même temps de caméra et de projecteur. Les films des frères Lumière ne sont pas des œuvres d'art mais c'est grâce à eux que le cinéma moderne est né. Aujourd'hui, le numérique, les effets spéciaux, la 3D ont beaucoup fait évoluer le cinéma, mais celui-ci reste toujours aussi magique !
>
> D'après *1jour1actu.com*

LA FORME PASSIVE

Elle met l'accent sur l'événement.

La forme passive peut s'utiliser à tous les temps.

 « *Le cinéma a été inventé* », relevez d'autres verbes à la forme passive dans le texte. Comment la forme-t-on ?

4 **Mettez ces phrases à la forme passive.**

a. Clément Ader a construit le premier avion à vapeur.
b. On a écrit un article sur cette invention.
c. La minijupe a révolutionné la mode et la société.
d. Les frères Lumière ont inventé le cinéma.

5 🎲 **Mission impossible. Jouez.**

Par petits groupes, décrivez une invention.
Le premier qui devine marque 1 point.

POUR DÉCRIRE UN OBJET

Il est en bois/fer/plastique/tissu/papier…
C'est un objet lourd/léger rond/carré/rectangulaire
C'est un objet qui sert à … utile pour …
Il coûte environ …

2 Des souvenirs d'antan

1 🎧 17 **Alain raconte son enfance.** Écoutez et répondez aux questions.

a. De quelles saisons parle-t-il ?
b. Que se passait-il en été ? Que faisaient les enfants ?
c. Que s'est-il passé cette année-là ?
d. Parmi ces images, lesquelles illustrent ce qu'Alain raconte ?

2 MÉDIATION • Une histoire de grand-mère.

Lisez le texte et discutez avec vos camarades. Qu'avez-vous appris ?

+ expressions de temps

Ma grand-mère s'appelle Anne-Marie et elle est née le 15 août 1955 à Amiens. Pour vous parler de sa vie, je lui ai posé des questions sur ce qu'elle avait vécu pendant son enfance et sa jeunesse et ensuite elle m'a raconté quelques anecdotes.
Sa mère s'appelait Janine et elle était femme au foyer. Son père s'appelait Charles et il était instituteur.
<u>Pendant</u> son enfance, ma grand-mère allait à l'école "Camille Desmoulins", dans son quartier. Elle m'a raconté qu'<u>à cette époque-là</u>, les garçons et les filles étaient dans des bâtiments différents et qu'il faisait très froid parce qu'il n'y avait pas de chauffage. À la maison, seulement la pièce principale était chauffée.
<u>Quand</u> ma grand-mère était petite, elle adorait jouer aux poupées, rire avec ses amies, réciter des poèmes et chanter.
Elle a fait des études pour être institutrice et elle a travaillé dans une école dans le Pas-de-Calais pendant deux ans. <u>Cette période-là</u> a été très importante pour elle car elle a rencontré mon grand-père. Ils se sont mariés <u>un an plus tard</u> et <u>au bout de</u> deux ans, ma mère est née.
<u>Maintenant</u>, Anne-Marie est retraitée et elle aime beaucoup être en famille.
Elle s'intéresse à plein de choses, elle adore lire, faire la cuisine et retourner dans sa ville natale tous les étés.

Célia, élève de Première

3 Complétez à partir du texte de l'exercice 2.

Ma grand-mère m'a raconté qu'elle allait à l'école Camille Desmoulins.

a. Je lui ai demandé si elle se souvenait de …
b. Elle m'a raconté qu'à cette époque-là …
c. Elle m'a expliqué que …
d. Elle m'a dit qu'à cette période …

DISCOURS DIRECT ET DISCOURS INDIRECT

- Il permet de rapporter les paroles de quelqu'un.
- Si le verbe qui introduit le discours indirect est au passé composé, le verbe qui suit est à l'imparfait ou au plus-que-parfait.

Discours direct : *Quand j'étais petite, je jouais aux poupées.*
Discours indirect : *Elle **m'a raconté** qu'elle jouait aux poupées quand elle était petite.*

4 Interrogez votre grand-mère ou une personne âgée de votre famille puis faites une présentation écrite qui résume sa vie.

Pour mon écrit
✓ Je trie les informations qui me semblent les plus pertinentes.
✓ J'utilise correctement les expressions de temps.
✓ J'utilise au moins un plus-que-parfait.

5 **MÉDIATION** • Partagez avec vos camarades ce que vous avez appris sur votre grand-mère ou la personne âgée de votre famille.

LE PLUS-QUE-PARFAIT

Le plus-que-parfait exprime l'antériorité dans le passé. Il permet de situer une action réalisée avant une autre action exprimée au passé composé ou à l'imparfait.

 Observez cet exemple et indiquez comment on forme le plus-que parfait :
*Je lui ai posé des questions sur ce qu'elle **avait vécu**.*

6  Tout s'explique.
Trouvez la meilleure explication à chaque action. Utilisez le plus-que-parfait.

Exemple : On n'a pas pu monter sur la tour Eiffel parce qu'on avait oublié de réserver des billets.

a. Elle a raté son train.
b. Je n'ai pas pu répondre au téléphone.
c. Ils sont arrivés en retard.
d. Nous avons eu une mauvaise note à l'examen.
e. Elles ont gagné le match.

7 🎧 18 **J'ARTICULE** • Les consonnes finales muettes. Écoutez et répétez.

Ils
Ils parlent
Ils parlent des
Ils parlent des choses
Ils parlent des choses assez
Ils parlent des choses assez importantes

Les
Les filles
Les filles mangent
Les filles mangent des
Les filles mangent des pommes
Les filles mangent des pommes jaunes

3 · À la recherche du temps perdu

1 Lisez le texte qui vous est attribué.

Des objets destinés à ne pas durer

Ordinateurs, téléphones, sèche-cheveux, grille-pains, machines à laver ... Tous les objets de notre vie quotidienne ont aujourd'hui une durée de vie limitée. Pourquoi ? Parce que la grande majorité des industries qui fabriquent nos produits de consommation prévoient un arrêt programmé d'une machine à partir d'un certain nombre d'utilisations. C'est ce qu'on appelle l'obsolescence programmée. Cette pratique est née en 1924. À l'époque, les ampoules électriques étaient conçues pour tenir au minimum 2 500 heures. Comme le produit durait longtemps et que les ventes avaient baissé, les fabricants se sont mis d'accord et ont limité leur durée à 1 000 heures.

Des métiers qui risquent de disparaître

Artisan vannier, mercier, cordonnier, sont des métiers qui se perdent. « Monsieur Bertin réparait des fers à repasser, des cafetières, des sèche-cheveux... Il pouvait donner une nouvelle vie à ces objets », raconte Soufiane. Catherine, elle, avait une mère qui faisait de la couture et qui se fournissait à la mercerie : « Je récupérais les vêtements de ma sœur aînée que ma mère reprisait, les vêtements neufs n'étaient pas habituels à la maison ». Aujourd'hui, nous avons profondément modifié notre manière de vivre et de consommer. Selon une étude réalisée en 2019, seulement 36 % des Français réparent leurs objets qui tombent en panne.

MÉDIATION • Résumez le texte à un/e camarade.

Discutez.
- Quel est le sujet commun à ces deux textes ?
- Quelle est votre expérience par rapport à ce sujet ?
- Quelle est votre opinion ?

2 🎧 19 **Chez Emmaüs.** Écoutez et dites si les affirmations suivantes sont vraies ou fausses.

a. Ce type de commerce favorise une consommation responsable.
b. Les ventes sont moins bonnes que celles de l'année dernière.
c. Cette vente fonctionne grâce aux dons des gens.
d. Il y a des collectionneurs parmi les clients.
e. On peut faire de bonnes affaires chez Emmaüs.

LE SAVEZ-VOUS ?

Les compagnons d'Emmaüs est une communauté solidaire fondée par l'Abbé Pierre en 1949. Elle est présente en France et dans le monde. Elle accueille des gens exclus par la société dans le but de les réinsérer grâce aux dons des gens.

3 **Des métiers qui ont disparu.**

Cherchez des informations sur un métier qui n'existe plus et expliquez en quelques lignes en quoi il consistait.

4 **Quelle est la question ?**

a. Trouvez de possibles questions à ces réponses de personnes âgées, en rapport avec leur vie. Attention, les questions doivent être au passé.

- En 1945.
- Dans une école religieuse.
- À Granville, en Normandie.
- Non, je n'y étais jamais allé/e.
- Quand mon petit frère est né.
- Parce que j'ai trouvé du travail à Paris.

b. Écrivez des réponses personnelles comme dans l'exercice a. Votre camarade devra deviner les questions et vice-versa.

5 **La géométrie des temps du passé**

Scannez le QR code et jouez.

LES TEMPS DU PASSÉ

- **L'imparfait** exprime les circonstances d'un événement.
  Comme le produit durait longtemps…
- **Le plus-que-parfait** exprime l'antériorité de l'événement par rapport au passé composé.
  Les ventes avaient baissé…
- **Le passé composé** exprime des faits, la succession des événements.
  Les fabricants se sont mis d'accord et ont limité leur durée.

Trouvez un exemple de passé composé, d'imparfait et de plus-que-parfait dans les textes.

4 Des années qui comptent

Apprendre à apprendre : Extraire les idées principales d'un document et les reformuler.

1 📹 07 Qu'est-ce que l'âgisme ?
Regardez et répondez.

a. Résumez la vidéo à l'aide des mots suivants.

b. Avez-vous déjà constaté ce phénomène ? Qu'en pensez-vous ? Justifiez votre point de vue.

LES ADVERBES DE MANIÈRE EN -MENT

Ces adverbes indiquent la manière dont se déroule une action.
L'adverbe « heureusement » suit la règle générale de formation des adverbes de manière terminés en -MENT.

 Pourriez-vous dire quelle est cette règle générale en observant ces exemples ?

Adjectif	Adverbe
systématique	→ systématiquement
active	→ activement

Certains adverbes ne suivent pas la règle générale.
poli → poliment
absolu → absolument
récent → récemment
suffisant → suffisamment

2 **MÉDIATION** • **Tous concernés par l'âgisme.** Lisez ce texte et présentez-le avec vos propres mots en complétant les phrases proposées.

> Pour la première fois, l'ONU s'attaque à la question de « l'âgisme ». Et d'après son rapport, une personne sur trois estime avoir été déjà discriminée ou victime de préjugés à cause de son âge.
>
> L'étude relève que les personnes âgées sont souvent vues comme systématiquement fragiles et vulnérables. Les jeunes, eux, se croiraient invincibles, imprudents et irresponsables. Ce sont eux, précisément, qui se disent le plus victimes d'âgisme.
>
> Les états sont donc encouragés à lutter activement contre ce phénomène avec des lois et à proposer aussi des outils éducatifs.
>
> D'après *radiofrance.fr*

a. Je vais vous parler d'un texte sur le thème de … *(indiquer le thème et le définir)*
b. Plus précisément, le texte explique que … *(développer 3 idées)*

3 Formez des adverbes à partir des adjectifs suivants et complétez les phrases.

respectueux – dangereux – vrai – courant – patient – sérieux

a. Est-ce que les personnes âgées apparaissent … dans les publicités ?
b. Doit-on agir … avec les personnes âgées ?
c. Qu'est-ce que les personnes âgées peuvent … nous apporter ?
d. Comment peut-on traiter … une personne âgée ?
e. Pensez-vous que la jeunesse est une période où l'on vit … ?
f. Est-ce que quand on est jeune, on ne prend pas les choses … ?

4 **Les aînés dans la pub.** Regardez cette affiche et répondez aux questions.

a. Que signifie le slogan « Nous sommes tous l'aîné de demain » ?
b. Croyez-vous que nous sommes conscients de ce fait ? Justifiez votre réponse.
c. Dans quels types de publicités apparaissent les personnes âgées ?
d. D'après vous, quelle image transmettent-elles ? Donnez des exemples.

5 **Les aînés et l'âgisme.**

Pensez-vous que l'âgisme touche uniquement les aînés ?

+ Introduction
Actuellement, on parle de plus en plus de l'âgisme. Il s'agit d'une attitude qui discrimine les personnes à cause de leur âge. On a tendance à penser que ce sont surtout les personnes âgées qui en sont victimes. À mon avis, les jeunes sont aussi touchés par ce comportement négatif.
D'une part, les stéréotypes concernent tous les âges. Il est fréquent d'entendre, par exemple, que les personnes âgées ne connaissent rien aux nouvelles technologies. Ces généralités simplistes s'appliquent aussi aux jeunes. Selon ces préjugés, les jeunes sont tous accros à leur portable. Certains médias transmettent aussi ces stéréotypes.
D'autre part, l'âgisme est aussi visible dans notre société. Par exemple, sur le marché du travail, les jeunes sont souvent discriminés parce qu'ils n'ont pas assez d'expérience et les seniors parce qu'ils ne sont pas assez performants.

+ Conclusion
Pour conclure, je pense que l'âgisme touche tous les âges. Pour lutter contre l'âgisme, je crois qu'il faut qu'on se demande si on ne reproduit pas sans nous en rendre compte, tous les stéréotypes que nous entendons.

Jeanne, élève de Terminale

Par groupes de 3 ou 4, choisissez l'une des affirmations suivantes et écrivez un texte argumentatif.

a. L'âgisme est un problème dans notre société.
b. L'âgisme touche plus les jeunes que les aînés.
c. Les personnes âgées devraient avoir des privilèges.

Pour mon écrit
✓ Je fais une introduction.
✓ Je fais une conclusion.
✓ Je n'oublie pas de faire des paragraphes.

POUR STRUCTURER LE TEXTE

Pour l'introduction
On dit que/De nos jours/Actuellement

Pour la conclusion
Pour conclure/En conclusion

Projet — Faites revivre un vieil objet !

1. Lisez à voix haute et répondez aux questions.

Nous avons en haut, sous le toit, une grande chambre de débarras, qu'on appelle « la pièce aux vieux objets ». Tout ce qui ne sert plus est jeté là. Souvent j'y monte et je regarde autour de moi. Alors je retrouve un tas de riens auxquels je ne pensais plus, et qui me rappellent un tas de choses. Ce ne sont point ces bons meubles amis que nous connaissons depuis l'enfance, et auxquels sont attachés des souvenirs d'événements, de joies ou de tristesses, des dates de notre histoire ; qui ont pris, à force d'être mêlés à notre vie, une sorte de personnalité, une physionomie ; qui sont les compagnons de nos heures douces ou sombres, les seuls compagnons, hélas ! que nous sommes sûrs de ne pas perdre, les seuls qui ne mourront point comme les autres, ceux dont les traits, les yeux aimants, la bouche, la voix sont disparus à jamais. Mais je retrouve dans le fouillis des bibelots usés ces vieux petits objets insignifiants qui ont traîné pendant quarante ans à côté de nous sans qu'on ne les ait jamais remarqués, et qui, quand on les revoit tout à coup, prennent une importance, une signification de témoins anciens »

Guy de Maupassant, extrait de *Vieux objets*, Contes et nouvelles, 1882.

LE SAVEZ-VOUS ?

Guy de Maupassant est un écrivain français du XIXe siècle. Son œuvre s'inscrit dans le courant littéraire du naturalisme et du réalisme. Il fait le portrait de la société de son époque dans ses nouvelles et ses romans.

a. Le texte parle de deux types de vieux objets, lesquels ?

b. À quoi sont associés ces vieux objets ?

c. Pourquoi les vieux objets insignifiants du passé deviennent-ils importants ?

2. 🎧 **Carla raconte l'histoire d'une vieille boîte en fer. Écoutez et mettez les photos dans l'ordre du récit.**

3. À vous !

Présentez un objet que vous avez toujours vu chez vous et qui raconte une histoire. Expliquez les souvenirs qu'il évoque. Pourquoi l'avez-vous choisi ?

Pour aller plus loin : En groupe, après avoir présenté vos objets, trouvez des points communs. Est-ce important de faire revivre les vieux objets ? Pourquoi ?

Pour mon oral
✔ J'utilise correctement les temps verbaux du présent et du passé.
✔ J'organise mon discours.
✔ J'apporte l'objet en classe.

On révise ensemble

En binômes ou en groupes, prenez une feuille pour écrire vos réponses. Vous pouvez consulter vos notes si nécessaire.

Travailler en collaboration
- Je partage mes connaissances.
- Je révise.
- Je consolide mes apprentissages.
- Je me mets d'accord avec mes camarades pour les réponses.

1. Quels sont les adjectifs et les pronoms démonstratifs ?

2. Les temps du passé. Complétez.

a. ...... se forme avec l'auxiliaire *être* ou *avoir* au présent et le participe passé.
b. ...... exprime l'antériorité dans le passé, une action réalisée avant une autre action du passé.
c. On utilise ...... pour parler de nos habitudes du passé et pour préciser les circonstances d'un événement.

3. Écrivez le nom de 4 objets qui commencent par :

a. C c. N
b. O d. B

4. Formez des adverbes à partir des adjectifs suivants.

a. Absolu   d. Attentif
b. Franc   e. Doux
c. Patient   f. Constant

5. Conjuguez ces verbes au plus-que-parfait.

a. Partir
b. Prendre
c. Vivre

6. Mettez ces phrases à la voix passive.

a. Maupassant a écrit *Bel-Ami*.
b. Gutenberg a inventé l'imprimerie.
c. Carla a retrouvé une boîte en fer.

7. Lisez ces phrases en faisant attention aux consonnes finales muettes.

a. Il partent souvent en laissant la porte ouverte et ça, c'est énervant.
b. Elles croient qu'ils pensent comme elles mais elles se trompent.
c. Si les prix augmentent, il faut qu'ils trouvent un autre métier.

8. Transformez ces phrases au discours indirect.

a. Tu sautais à la corde ?
Guillaume lui a demandé ...
b. Comment vous vous êtes connus avec grand-père ?
Louis lui a demandé comment ...
c. La première fois que j'ai plongé dans la Seine, j'ai eu peur.
Alain raconte que ...

Bilan — Unité 4

1 COMPRÉHENSION ÉCRITE

Le premier homme d'Albert Camus (extrait)

Lisez le texte et choisissez la bonne réponse.

Les films, étant muets, comportaient en effet de nombreuses projections de texte écrit qui visaient à éclairer l'action. Comme la grand-mère ne savait pas lire, le rôle de Jacques consistait à les lui lire. Malgré son âge, la grand-mère n'était nullement sourde. Mais il fallait d'abord dominer le bruit du piano et celui de la salle, dont les réactions étaient généreuses. De plus, malgré l'extrême simplicité de ces textes, beaucoup de mots qu'ils comportaient n'étaient pas familiers à la grand-mère et certains même lui étaient étrangers. Jacques, de son côté, désireux d'une part de ne pas gêner les voisins et soucieux surtout de ne pas annoncer à la salle entière que la grand-mère ne savait pas lire (elle-même parfois, prise de pudeur, lui disait à voix haute, au début de la séance : « tu me liras, j'ai oublié mes lunettes »), Jacques donc ne lisait pas les textes aussi fort qu'il eût pu le faire.

Albert Camus, *le premier homme* © Éditions Gallimard.

a. La grand-mère de Jacques était **muette/sourde/illettrée**.
b. La tâche de Jacques était compliquée car **il ne voulait pas faire de bruit/il y avait trop de bruit**.
c. Pour la grand-mère de Jacques, certains mots étaient difficiles car **ils étaient dans une langue étrangère/elle ne les connaissait pas**.
d. La grand-mère disait qu'elle avait oublié ses lunettes pour **ne pas dire la vérité/que Jacques lui donne les siennes**.

2 COMPRÉHENSION ORALE

 Écoutez et répondez aux questions.

Rose-Marie nous parle de sa vie et de sa jeunesse.

a. Dans quelle région Rose-Marie est-elle née ?
b. Où est-elle d'abord allée à l'école ? Où avaient lieu les cours ?
c. Pourquoi parle-t-elle des soldats américains ?
d. Que dit-elle à propos de Wimereux ?
e. Comment a-t-elle connu son mari ?
f. Quels postes de travail a-t-elle occupé ?
g. Que fait-elle actuellement ?

3 PRODUCTION ÉCRITE

Rédigez un texte descriptif d'environ 150 mots. Racontez une anecdote de famille.

Pour mon écrit
✓ J'utilise les temps du passé.
✓ J'utilise au moins une phrase au discours indirect.

4 PRODUCTION ORALE

Jouez la scène deux par deux. Inversez les rôles.

A est un journaliste qui pose des questions (lieu de naissance, ancien travail, famille, temps libre).
B est une personne de 75 ans qui y répond.

Pour mon oral
✓ Avant de commencer, je prépare un peu ce que je peux dire.
✓ Je vouvoie et j'utilise un registre formel.

Unité 5 — On se dit tout !

La desserte rouge, Henri Matisse, 1908

Vous allez :

- Exprimer des émotions et des sentiments
- Faire des hypothèses
- Expliquer un problème et donner une solution
- Donner des conseils
- Raconter un rêve

1. Quel(s) sentiment(s) ce tableau éveille en vous ?
2. Le vert et le rouge marquent deux espaces dans le tableau, lesquels ?
3. Imaginez comment sont les personnes qui habitent dans cette maison ?

Projet — Faire peau neuve ? Discutez-en !

DES GOÛTS ET DES COULEURS

Discutez avec un/e camarade

1. Quelle couleur associez-vous à ces mots ? Pourquoi ?
- Le confort, la fidélité, le calme, la responsabilité.
- La force, la passion, l'action, l'urgence.
- L'équilibre, l'optimisme, le développement, l'harmonie.
- L'énergie, la joie, la bonne humeur, la positivité.

2. Quelle est la meilleure couleur pour ...?
Justifiez votre choix et donnez des exemples si vous en avez.

Exemple : une compagnie d'assurance : bleu marine, ça fait sérieux, ça rassure.
- L'affiche d'un film d'horreur
- Le logo d'une banque
- L'enseigne d'un restaurant végan
- Une boisson énergétique
- La carte de visite d'un psychologue
- Une voiture de sport

4 Et vous ? Observez et répondez.

a. Quel lien établissez-vous entre cette photo et le tableau de Matisse ?
b. En général, dans quels endroits vous sentez-vous bien ? Pourquoi ?

1 Les émotions en jeu

1 🎲 On joue !

Règle du jeu
Prenez un dé. Chaque joueur prend un trombone ou une gomme en guise de jeton et avance à l'aide du dé s'il répond correctement. Sinon, il reste sur sa case.
S'il rate les cases vertes, il retourne sur la case « départ ».
Le premier à arriver sur la case « arrivée » a gagné.

POUR JOUER
- Dommage !
- C'est à moi/toi.
- C'est mon/ton tour.
- Tu as perdu ton tour.

2 📺 08 C'est quoi les émotions ?

a. Regardez la vidéo une première fois et concentrez-vous sur ce que vous comprenez.
b. Regardez une deuxième fois la vidéo et prenez des notes.
c. Comparez vos prises de notes avec vos camarades. Ensemble, résumez la vidéo.

Prendre des notes
- Je me concentre.
- Je trie l'essentiel.
- Je suis rapide : j'abrège les mots, je fais des symboles, j'écris des mots-clés.

LE REGISTRE FAMILIER
Dans cette vidéo, il y a certaines caractéristiques du registre de langue familier comme :
- la suppression de **ne** dans une phrase négative : *Tu vois pas que c'est rouge.*
- l'élision du **tu** : ***T'**as 4 émotions principales.*

Unité 5 — 66 soixante-six

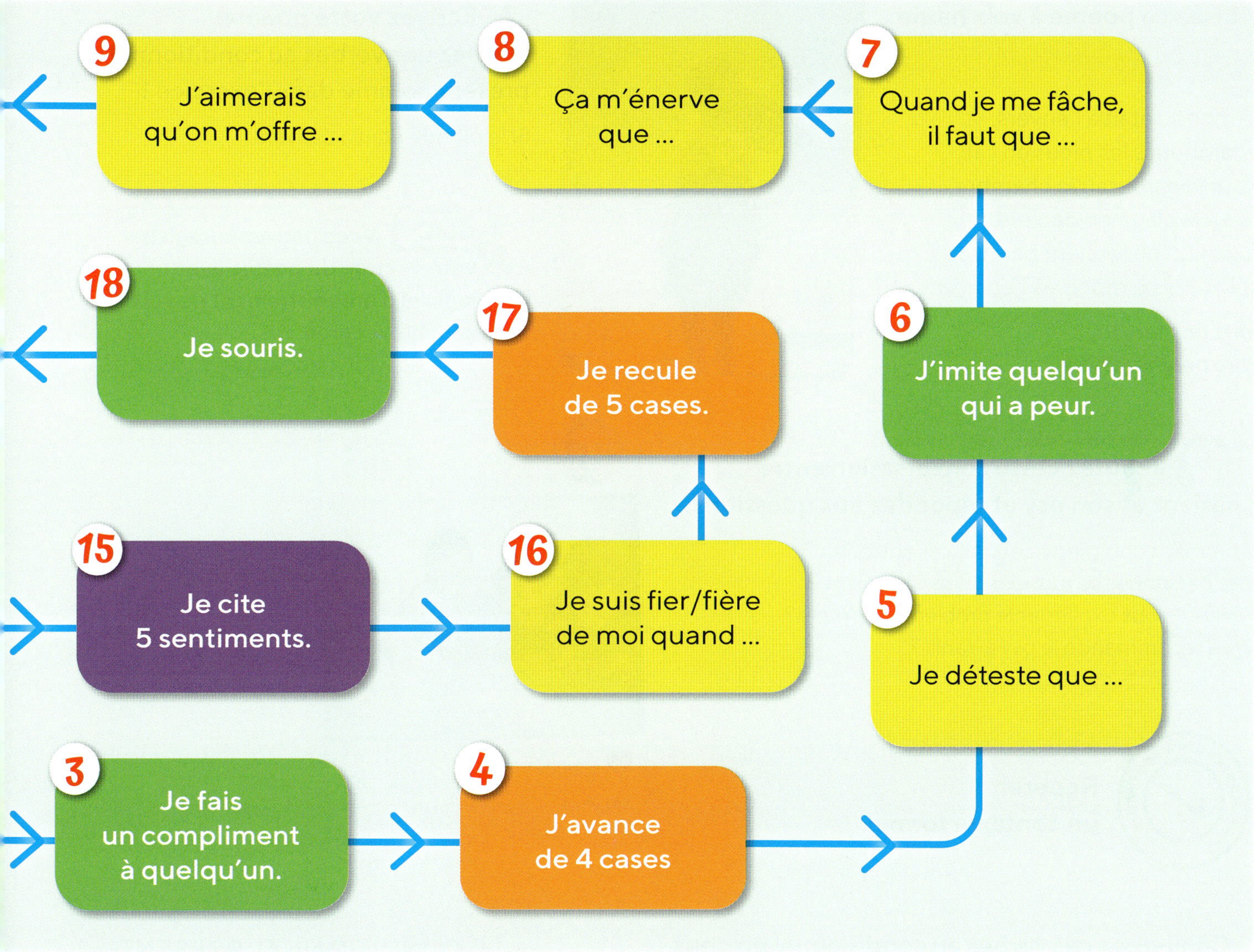

9 J'aimerais qu'on m'offre …
8 Ça m'énerve que …
7 Quand je me fâche, il faut que …
18 Je souris.
17 Je recule de 5 cases.
6 J'imite quelqu'un qui a peur.
15 Je cite 5 sentiments.
16 Je suis fier/fière de moi quand …
5 Je déteste que …
3 Je fais un compliment à quelqu'un.
4 J'avance de 4 cases

LE SUBJONCTIF PRÉSENT (2)

Le subjonctif s'utilise pour :

– exprimer un sentiment

> Ça m'énerve que tu sois toujours en retard.

– exprimer une obligation

> Il faut que tu avances de 4 cases.

3 **Dites autrement.**

Transformez ces phrases à l'aide du subjonctif.

Exemple : Je ne supporte pas la grossièreté des gens.
→ *Je ne supporte pas que les gens soient grossiers.*

a. Les enfants de mes voisins font du bruit. Ça m'énerve que …
b. Martin et moi avons les mêmes goûts et j'adore ça. Ça me plaît que …
c. Vous venez souvent dans cet endroit ? Ça m'étonne que …
d. Nous devons aller chez le psy à 19h15. Il faut que …

4 **N'ayez pas peur du subjonctif !**

Scannez le QR code et jouez.

2 Videz votre sac !

1 Lisez ce poème à voix haute.

Si ...
Si le monde était à l'envers,
Je marcherais les pieds en l'air,
Le jour je garderais la chambre,
J'irais à la plage en décembre,
Deux et un ne feraient plus trois...
Quel ennui ce monde à l'endroit !

Jean-Luc Moreau,
l'arbre perché (1979)

2 Écrivez votre poème.
Utilisez des verbes au conditionnel présent comme dans l'exercice 1.

Si le monde était à l'envers,
Je...

CLIC Vous pouvez enregistrer votre lecture du poème avec un logiciel d'enregistrement de voix comme Vocaroo.

3 🎧 Écoutez cette conversation entre un patient et son psy et répondez aux questions.

a. Comment commence et finit cet entretien ?
b. Les personnes se tutoient ou se vouvoient ?
c. Pouvez-vous expliquer le problème de Yanis ?
d. Que recommande le psy à Yanis ?

Repérer un contexte formel.

4 Conjuguez ces verbes au conditionnel présent.

a. Je (vouloir) ... vous donner des conseils.
b. Ça vous (plaire) ... d'en parler ?
c. Crois-tu que tu (pouvoir) ... lui dire ?
d. Nous (devoir) ... leur demander leur avis.
e. Il (falloir) ... que tu aies plus d'empathie.

LE CONDITIONNEL PRÉSENT

J'irais à la plage en décembre.
Je marcherais les pieds à l'envers.

 Quelles sont les similitudes dans la formation du conditionnel, du futur simple, et de l'imparfait ?

L'HYPOTHÈSE INCERTAINE

Pour exprimer une hypothèse certaine :
Si + Présent + Futur simple
Si c'est votre meilleur ami, il sera content que vous soyez sincère.

Pour exprimer une hypothèse incertaine :
Si + Imparfait + Conditionnel présent
Si le monde était à l'envers, je marcherais les pieds en l'air.

5 🎲 Plongez dans l'hypothèse.
Scannez le QR code et jouez.

6 Complétez.

a. Si je ne suis pas en forme ...
b. Si vous me racontez une blague ...
c. Si mon/ma meilleure ami/e me demande de mentir ...
d. Si j'avais plus de temps pour moi ...
e. Si je n'avais pas de cours aujourd'hui ...
f. Si j'habitais dans un autre pays ...

7 Écoutez les confidences de ces filles et ces garçons.

a. Associez chaque extrait à une photo et à un titre.
b. Répondez aux questions.
1. Qui est épuisé/e ?
2. Qui n'a pas d'espace pour travailler tranquillement ?
3. Qui a tendance à s'isoler ?
4. Qui est stressé/e ?

c. Ma course contre le temps

a. L'isolement me pèse

b. Un petit coin pour moi

d. Incapable d'y faire face

8 Que conseillez-vous à ces jeunes ?

a. Donnez-leur des conseils à l'aide des verbes suivants : respirer, s'entraîner, gérer, s'organiser, dormir, parler
b. À quelle situation vous identifiez-vous le plus ?
c. Quelle situation vous semble la plus facile à gérer ? Pourquoi ?

POUR DONNER DES CONSEILS

• **avec le subjonctif**
Il faudrait que tu en **parles** avec tes professeurs.
Ça serait bien que tes parents le **sachent**.
• **avec le conditionnel**
Si j'étais vous, je **ferais** du théâtre.
• **avec l'infinitif**
Tu devrais dire
Tu pourrais faire

3 Chassez le stress !

1 **Êtes-vous quelqu'un de stressé ?**
Faites le test et découvrez si vous devez lever le pied.

1 Vous avez un contrôle d'Histoire-géo demain :
- ● Vous avez un peu de mal à vous endormir.
- ◆ Vous ne pouvez pas du tout dormir.
- ★ Vous vous couchez tôt, on verra demain.

2 Dans deux jours, vous partirez deux mois en Irlande.
- ● Vous n'avez pas encore fait votre valise, ce n'est pas si compliqué que ça.
- ◆ Vous avez déjà tout préparé, il faut juste ajouter des petites choses de dernière minute.
- ★ Vous n'avez pas encore eu le temps de tout préparer mais vous allez y arriver.

3 Vous attendez vos potes* depuis un quart d'heure mais ils n'arrivent pas.
- ● Vous n'avez pas de temps à perdre, vous devez y aller.
- ◆ Ils finiront bien par arriver, de toute façon, vous n'avez pas autre chose à faire.
- ★ Vous pensez qu'il est peut-être arrivé quelque chose, vous allez encore attendre 10 minutes.

4 Votre vie après le bac, comment vous l'imaginez ?
- ● Il est trop tôt pour y penser, maintenant.
- ◆ Si vous travaillez bien, ça va bien se passer.
- ★ Il y a du boulot**, ce n'est pas gagné !

5 Votre ordinateur tombe en panne.
- ● C'est hyper compliqué ! Qui a inventé ça ?
- ◆ Vous demanderez de l'aide à vos parents quand ils rentreront.
- ★ Vous vous mettez en colère, comment allez-vous faire pour récupérer vos dossiers ?

6 Vous êtes élu/e délégué/e de votre classe.
- ● C'est trop de responsabilités, vous auriez préféré ne pas l'être.
- ◆ Vous ne pensez pas que ça soit compliqué, qu'est-ce qu'il faut que vous fassiez ?
- ★ Vous flippez*** un peu mais vous pensez que vous allez vous en sortir.

7 Vous devez aller chercher votre petite sœur à l'école demain après-midi.
- ● D'accord, c'est quoi le problème ?
- ◆ Il faut que vous demandiez à vos parents de vous le rappeler.
- ★ Vous le notez sur votre agenda et vous mettez une alarme sur votre portable.

*Pote = ami **Boulot = travail *** Flipper = avoir peur

● Vous avez une majorité de
Vous restez zen, il n'y a pas de doute. Vous ne ressentez aucune pression, vos camarades admirent votre état d'esprit. Mais attention, si j'étais vous, je ne me reposerais pas trop sur mes lauriers car un petit peu de stress est positif pour avancer. Il faudrait que vous mettiez plus d'énergie dans ce que vous faites, ça vous aiderait à vous dépasser et vous seriez fier/e de vous.

◆ Vous avez une majorité de
Vous n'êtes pas tout à fait quelqu'un qui reste zen mais vous pouvez maîtriser votre stress dans beaucoup de situations. Le stress ne vous empêche pas de vivre mais parfois vous en souffrez en silence. C'est un manque de confiance en vous ? Essayez de vous retirer de la pression et vous aurez plus confiance en vous. Vous serez content/e du changement !

★ Vous avez une majorité de
Attention ou vous allez exploser un jour ! Vous avez trop de pression. Ce serait bien que vos parents le sachent. Vous pourriez leur en parler. Le stress est dangereux pour votre santé, il vous empêche de faire des choses que vous aimez. Je ne pense pas que vous puissiez le gérer tout/e seul/e. À votre place, je chercherais des moyens de me détendre, vous seriez plus performant/e et plus heureux/se.

2 **MÉDIATION** • Et votre classe, est-elle détendue ou stressée ?
Comparez les résultats. Quelles conclusions en tirez-vous ?

3 Relisez le test.
Relevez les conseils. Comment sont-ils formulés ? Quels sont les temps verbaux utilisés ?

4 💬 **Des images reposantes ?**

a. Décrivez en détail ce que vous voyez sur ces photos.
b. Donnez un titre à chaque photo.

5 🎧 24 **Comment en finir avec le stress ?**

a. Écoutez une première fois et mettez en relation les images avec le document oral.
b. Résumez le document oral à partir des images.
c. Répondez aux questions :
- Que devons-nous observer ?
- Qu'est-ce qu'une vraie communication ?
- Pourquoi faut-il rester en contact avec la nature ?
- Pourquoi oublie-t-on les valeurs importantes ?

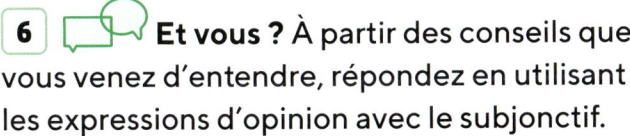

6 💬 **Et vous ?** À partir des conseils que vous venez d'entendre, répondez en utilisant les expressions d'opinion avec le subjonctif.

À votre avis, quels conseils ne seraient pas utiles pour vous afin de réduire le stress ? Pourquoi ?

LE SUBJONCTIF ET L'EXPRESSION DE L'OPINION

Le subjonctif s'utilise avec les verbes d'opinion à la forme négative.
Je ne pense pas qu'un gros tatouage sur le bras soit bien pour moi.

 Mettez la phrase précédente à la forme affirmative. *Qu'observez-vous ?*

7 **Victor écrit au courrier des lecteurs d'un magazine.**
Répondez et donnez-lui des conseils à l'aide des formules suivantes ; je ne pense/trouve/crois pas que, ça serait bien que (+ subjonctif).

AIDEZ-MOI À ME DÉCIDER !

Je ne pense pas qu'un gros tatouage sur le bras soit bien pour moi car j'ai les bras très fins mais je voudrais me faire un tatouage sur le coin de l'œil, juste deux petites larmes. J'ai vu un type dans la rue, trop stylé, qui en avait un. C'était trop cool. La seule chose c'est que je me suis renseigné sur le prix, et comme c'est cher j'ai commencé à économiser. Tout le monde me dit que je vais regretter ça un jour et que ça va même m'empêcher de trouver un boulot. Je voudrais connaître votre avis pour m'aider à me décider.
Victor, 17 ans

4 Tu rêves ou quoi ?

1  **L'interprétation du rêve de Louise.**

Louise est psychologue, elle raconte et interprète un de ses rêves.

a. Résumez son rêve en deux mots-clés : …
b. Quels traumatisme ou frustration passés déclenchent ce rêve ?
c. Quelles sont les émotions présentes ?
d. Terminez la dernière phrase : *Par conséquent* …

2 **Dans chaque phrase, identifiez la cause et la conséquence.**

a. Faute de pouvoir les acheter, j'y pense pendant plusieurs jours.
b. De ce fait, comme j'ai été frustrée par rapport à ces bottes et comme j'ai été énervée par la directrice, mon inconscient a travaillé pendant la nuit.
c. Par conséquent, nos émotions d'enfance ne nous quittent jamais.
d. Nous apprenons des choses sur nous grâce aux rêves.

LA CAUSE ET LA CONSÉQUENCE

La cause est introduite par : *parce que, car, puisque, comme, en raison de, faute de, grâce à*.

La conséquence est introduite par : *alors, par conséquent, donc, de ce fait, du coup (à l'oral), si bien que, c'est pourquoi*.

 Observez ces phrases : que met-on après ces expressions de cause ?

- *Faute de pouvoir les acheter, j'y pense pendant plusieurs jours.*
- *En raison de l'obscurité, on ne savait pas où on était.*

LE SAVEZ-VOUS ?

- Nous passons environ 6 ans de notre vie à rêver.
- Tous les rêves ne sont pas en couleur.
- Nous oublions 96 % de nos rêves.

3 **Le rêve de Gabriel.** Lisez et répondez.

a. Lisez et repérez les connecteurs de cause et les connecteurs de conséquence.
b. Quels événements bizarres ont lieu dans ce rêve ?

Cette nuit j'ai fait un cauchemar complètement fou et du coup, aujourd'hui je suis complètement déboussolé ! Voilà donc ce dont je me souviens !

Dans ce rêve, ma meilleure copine, Lou avait écrasé une araignée et tout à coup, elle est devenue chauve. Comme j'étais prisonnier dans une cage où mon frère m'avait enfermé, Lou m'a fait rentrer dans un miroir et grâce à ça, j'ai pu m'échapper de cette cage. Alors, nous sommes allés prendre quelque chose dans un bar et comme le serveur m'a apporté un coca-grenadine, que je déteste … je me suis mis à crier si fort que j'ai perdu toutes mes dents ! Et ce n'est pas fini ! Puisque je n'avais plus de dents, je ne pouvais pas parler correctement si bien que personne ne me comprenait. Et en raison de l'obscurité, on ne savait pas où on était. Un pigeon est arrivé. Du coup, je me suis mis à crier encore plus fort. et là je ne sais plus rien parce que je me suis réveillé !

4 Inspirez-vous de ces photos et inventez un rêve. N'oubliez pas d'utiliser des connecteurs de cause et de conséquence. Commencez ainsi :

Cette nuit j'ai fait un rêve épouvantable ! Voilà donc ce dont je me souviens.

5 **MÉDIATION** • Ça veut dire quoi, ça ?

En groupes, proposez une interprétation de ces rêves. Ensuite, partagez-la avec vos camarades.

- J'ai une poule qui n'arrête pas de pondre des oeufs.
- Mon meilleur ami se transforme en crevette.
- Je marche très vite et je ne peux pas m'arrêter.
- Tout le monde autour de moi est habillé en bleu.
- Mes cheveux n'arrêtent pas de pousser, même si je les coupe.

Pour mon écrit
✓ J'utilise des connecteurs de cause et de conséquence.
✓ J'utilise les temps du passé.

6 **J'ARTICULE** • La liaison. Écoutez et répétez.

C'est
C'est interdit
C'est interdit de
C'est interdit de copier
C'est interdit de copier les
C'est interdit de copier les exercices

Elles
Elles ont
Elles ont des
Elles ont des enfants
Elles ont des enfants très
Elles ont des enfants très aimables

Projet — Faire peau neuve ? Discutez-en !

1. 📹 09 Regardez la vidéo et répondez aux questions.

a. Vrai ou faux ? Effacer un tatouage coûte 450 euros en moyenne.
b. Vrai ou faux ? Samy continue de sentir la douleur à chaque séance.
c. Vrai ou faux ? Aline veut effacer son tatouage pour oublier son passé.
d. D'après vous, quels souvenirs de sa vie Aline veut-elle cacher ? Pourquoi?
e. D'après vous, quels sentiments sont liés à cette décision ? Choisissez parmi les mots suivants et justifiez votre réponse : regrets, amour, peine, espoir, deuil, force, oubli, vie, changements.

LE SAVEZ-VOUS ?

Les tatouages datent d'il y a plus de 5 300 ans et avaient un but curatif. Il s'agissait de petites incisions qui étaient destinées à soigner l'arthrose. Plus tard, ils sont devenus un signe d'appartenance à un groupe, une marque protectrice dans certaines cultures et aussi une identification pour des prisonniers.

2. Préparez une discussion.

Vous envisagez de vous faire tatouer mais vous avez besoin d'informations. Formez des groupes de 3 ou 4 personnes. Faites des recherches sur Internet : qualité de l'encre, risques pour la peau, douleur, prix, âge autorisé…

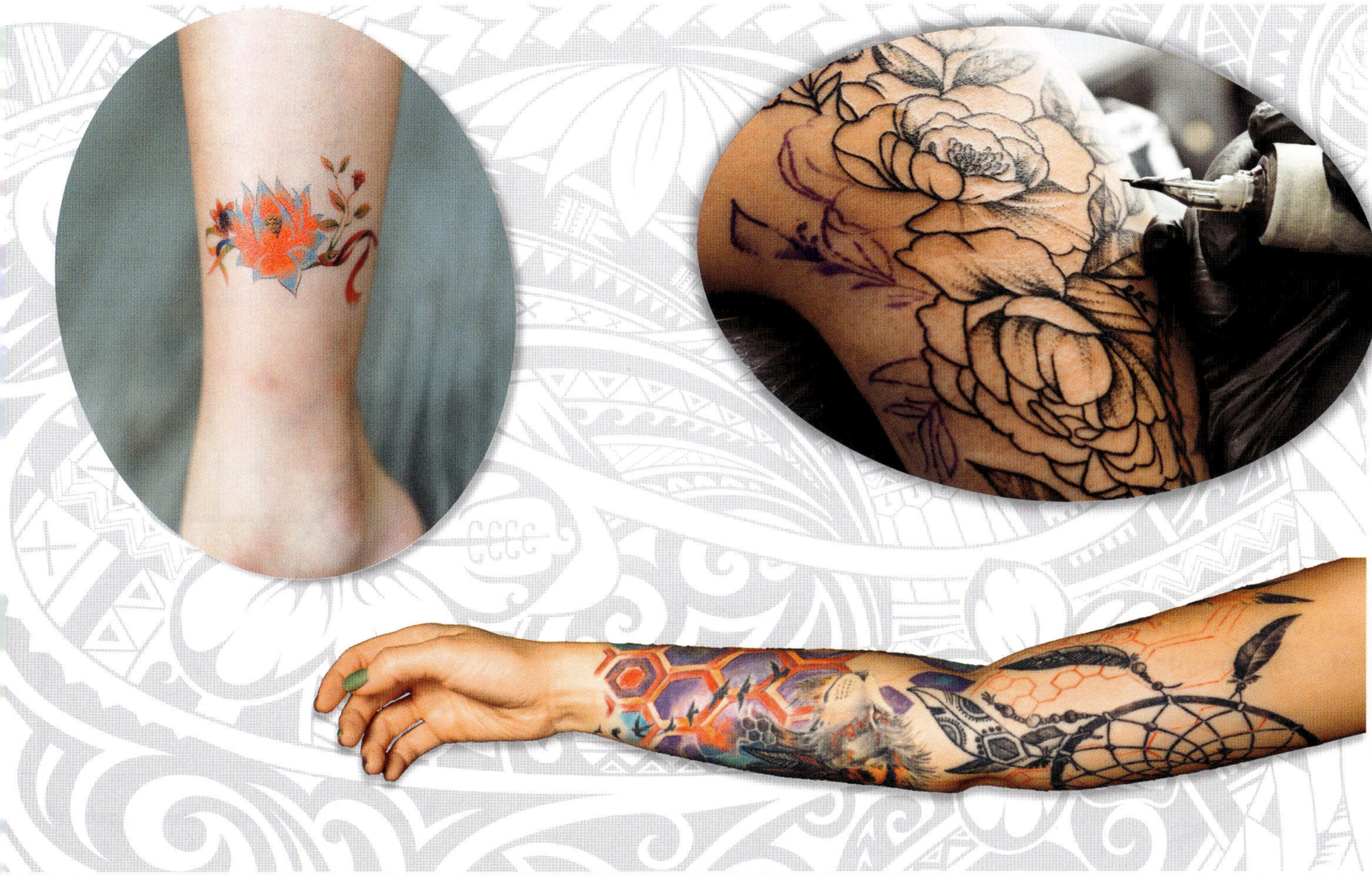

3. À vous !

Dans chaque groupe, certains élèves jouent le rôle du tatoueur et les autres viennent se renseigner. Puis, inversez les rôles !

Vous êtes le client : vous avez des doutes, vous posez des questions.
Vous êtes le tatoueur : vous donnez des renseignements.

On révise ensemble

En binômes ou en groupes, prenez une feuille pour écrire vos réponses.
Vous pouvez consulter vos notes si nécessaire.

 **Travailler en collaboration**
- Je partage mes connaissances.
- Je révise.
- Je consolide mes apprentissages.
- Je me mets d'accord avec mes camarades pour les réponses.

1. Dites si les verbes suivants sont au subjonctif ou à l'indicatif.
a. Tu dises
b. Je prends
c. Vous sachiez
d. Elles soient
e. Nous allons
f. Je parte

2. Conjuguez les verbes suivants au subjonctif.
a. Prendre
b. Aller
c. Boire
d. Faire

3. Lisez à voix haute le verbe *avoir* au subjonctif.
J'aie / Nous ayons
Tu aies / Vous ayez
Il ait / Ils aient

4. Complétez ces phrases.
a. J'aimerais que nous …
b. Il faut que tu …
c. Ce serait bien que les profs …
d. Tu voudrais que je …
e. Je suis content que …

5. Prononcez ces phrases en faisant attention aux liaisons.
a. Ils ont fait deux heures de queue pour acheter ces oranges.
b. Mes enfants ont oublié que ces vieux objets appartiennent à leurs aïeux.

6. Citez 3 sentiments positifs et 3 sentiments négatifs.

7.  **Complétez ces phrases.**
a. Si j'avais 30 ans …
b. Si j'étais né/e aux États-Unis …
c. Si je m'appelais Hippolyte …
d. Si j'étais fils/fille unique…

8.  **Futur et conditionnel : vrai ou faux ?**
a. La base du futur simple et du conditionnel présent est la même.
b. La première personne du singulier du futur simple est la même que celle du conditionnel présent.

Bilan — Unité 5

1 COMPRÉHENSION ÉCRITE

Le « syndrome de Paris », mystérieux mal des Japonais

Lisez le texte et répondez aux questions. Donnez des réponses précises et utilisez vos propres mots.

Chaque année, le « syndrome de Paris » touche une vingtaine de Japonais qui visitent la capitale française. Identifié dans les années 1980 par un psychiatre japonais, ce trouble est lié à un choc culturel, une forte déception qui peut engendrer jusqu'à la dépression.

Pourquoi ce choc ? Où est le Paris des cartes postales, capitale du romantisme et du luxe, ou d'Amélie Poulain ? Lorsqu'ils arrivent dans la capitale, certains Japonais qui ont rêvé de cette ville merveilleuse découvrent des rues sales et des Parisiens gros et mal habillés. Plongés dans le quotidien parisien, la déception est grande pour certains. Ainsi, Saeko, 21 ans, s'est fait voler son portefeuille dans le métro dès son arrivée en France. Un choc pour cette Japonaise qui a tout quitté pour venir vivre à Paris. « J'ai aussi vu des gens qui ne respectent pas l'ordre des queues, c'est impensable pour un Japonais », souligne-t-elle.

Par contre, certains compatriotes de Saeko ne surmontent pas le choc et c'est alors que des signes dépressifs et de l'anxiété apparaissent. Cette déception active un sentiment de frustration. Ils se sentent déprimés comme pour un deuil : c'est le deuil d'une image idéalisée.

Pourquoi les Japonais ? Le Japon s'est ouvert à l'Occident à partir du XIXe siècle, à l'époque où Paris était la ville de référence pour la culture, les arts et le raffinement. Ce Paris de carte postale est resté figé pour eux. En outre, les différences avec leur culture et leur langue sont telles que le choc culturel est encore plus important.

a. Qu'est-ce qui choque les Japonais quand ils arrivent à Paris ?
b. Quels ont été les symptômes du « syndrome de Paris » chez Saeko ?
c. Pourquoi Paris est-elle une ville idéalisée par les touristes japonais ?
d. Quelle est l'image idéale que les Japonais ont de Paris ?

2 COMPRÉHENSION ORALE

🎧 27 **Écoutez et dites si ces affirmations sont vraies ou fausses. Justifiez votre réponse.**

a. On ne sait pas toujours pourquoi on est stressé/e.
b. La solitude peut nous aider à lutter contre le stress.
c. Partager son angoisse fait disparaître immédiatement le stress.
d. La respiration peut nous aider à combattre le stress.
e. Pour ne pas stresser, il est important d'accepter l'échec.

3 PRODUCTION ÉCRITE

Rédigez un texte d'environ 150 mots.

Votre meilleur/e ami/e s'est fâché/e avec un/e de vos ami/e(s). Vous lui donnez des conseils pour résoudre la situation.

Pour mon écrit
✓ J'utilise le subjonctif et le conditionnel.
✓ J'utilise la cause et la conséquence.

4 PRODUCTION ORALE

Imaginez avec un/e camarade que vous êtes un patient et un psy. Jouez le dialogue à partir de la situation suivante :

Je suis amoureux/se de quelqu'un mais je ne sais pas comment lui dire. Je n'ose pas.

Pour mon oral
✓ J'utilise le lexique des sentiments.
✓ J'utilise le vouvoiement.
✓ Je salue et je prends congé.

Unité 6 — S'ouvrir au monde

Magritte, la clé des champs, 1936
© Adagp, Paris, 2023

Vous allez :
- Exprimer le but
- Parler de défis et d'engagements
- Argumenter et exprimer une opinion
- Décrire un fait de société
- Comprendre un compte rendu d'expérience

1 À votre avis, qui a cassé la vitre et pourquoi ?

2 Comment est représentée la fragilité de la nature dans ce tableau ?

Projet — Agissez pour la planète !

 QUE PRÉFÉREZ-VOUS ?

**Faites votre choix entre ces propositions.
Parlez-en avec un/e camarade.**

- Dimanche en famille ou avec les amis ?
- Mer ou montagne ?
- Train ou avion ?
- Ville ou campagne ?
- Rose ou marguerite ?
- Fast-food ou nourriture bio ?
- Covoiturage ou transports en commun ?
- Acheter neuf ou d'occasion ?
- Week-end sans wifi ou connecté ?

3 Observez et répondez.

a. Pouvez-vous trouver un titre pour la première image ?
b. Qu'est-ce que les deux images vous suggèrent au sujet de l'action de l'homme sur la nature ?

1 Action !

1 💬 Que savez-vous sur l'environnement ?

a. Associez ces mots aux pictogrammes ci-dessus et vérifiez leur sens.
empreinte carbone, réchauffement climatique, recyclage, énergies renouvelables, couche d'ozone, émissions, gaz à effet de serre, ordures, compost, tri sélectif, décharge, déforestation, inondation, gaspillage, matières organiques, panneaux solaires, éoliennes, usine, produits toxiques, économie d'énergie, énergie propre, voiture électrique, consommation d'eau, résidus, pollution, énergie nucléaire, déchets.

b. Utilisez les pictogrammes pour exposer les problèmes écologiques de la planète.

2 🎧 28 **Une centaine de musées internationaux s'émeuvent des attaques de militants pro-climat.** Écoutez et répondez aux questions.

a. Quelle est l'action qui choque de nombreux musées ?
b. Selon ces musées, que sous-estiment les activistes ?
c. Que s'est-il passé avec le tableau des Tournesols de Van Gogh à Londres ?
d. Selon les dirigeants de ces institutions, quelles sont les fonctions d'un musée ?

3 MÉDIATION • **Tu es au courant ?**

Lisez le texte ci-dessous sur le même sujet et mettez-le en rapport avec l'exercice 2.
Vous en discutez avec un/e camarade, et vous donnez votre avis sur ces faits.

> **Pourquoi des écologistes s'en prennent-ils à des œuvres d'art pour militer pour le climat ?**
>
> *Le 14 octobre dernier, des militantes de Just Stop Oil (anti-énergies fossiles) ont visé un Van Gogh. La toile était protégée par une vitre.*
>
> Ils ont jeté de la soupe sur un Van Gogh, de la purée sur un Monet, ont collé leur main sur un Goya … Ces dernières semaines, des activistes écologistes s'en prennent aux œuvres d'art. Leur objectif ? Montrer que les toiles de maître sont mieux protégées que la planète. Ils considèrent que des actions qui respectent la loi, comme les pétitions ou les manifestations, ne suffisent pas pour interpeller sur l'urgence climatique.
>
> *Le Monde des Ados*

4 🎲 **Êtes-vous écolo* ?**

Comment vous débrouillez-vous dans ces situations ? Choisissez la solution la plus écologique et exposez-la à vos camarades. Vous obtenez 1 point si votre solution est choisie.

a. Vous êtes dans un endroit où il n'y a pas de Wifi. Que faites-vous ?
b. On vous demande de recycler des coquilles d'œuf, du marc de café et des épluchures d'orange. Les recyclerez-vous tous de la même façon ? Sinon, comment ?
c. Vous devez ranger votre armoire, et vous n'avez plus de place pour tous vos vêtements. Comment faites-vous ?
d. Comment emballez-vous votre sandwich quand vous partez en pique-nique ?
e. Vous ne devez plus utiliser d'éponge, un des objets du quotidien parmi les plus polluants. Comment faites-vous la vaisselle ?

écolo = écologiste

2 Nos défis pour la planète

1 **Le défi zéro déchet.** Regardez la vidéo et répondez aux questions.

a. Citez plusieurs actions que font les communes belges.
b. Pourquoi le Maroc et le Rwanda sont-ils mentionnés ?
c. Que peut-on faire dans les ateliers zéro déchet ?
d. Associez les éléments inscrits sur chaque poubelle à un comportement.

a
- compostage collectif
- produits en vrac
- savon et shampoing solides
- sacs en tissu
- pas de pailles en plastique
- fruits et légumes sans emballage

b
- gourdes
- boîtes à tartines
- vaisselle réutilisable
- gobelets réutilisables
- emballages cadeaux avec des chutes de tissu

c
- circuits courts
- producteurs et artisans locaux
- légumes de saison
- produits du terroir

1. Réutiliser

2. Consommer local et bio

3. Réduire les déchets

2 Les 5R. Lisez et répondez aux questions.

Le zéro déchet est une démarche qui consiste à mettre en place un ensemble de pratiques pour réduire les déchets (emballages, plastiques, produits à usage unique...), et le gaspillage (éviter la surconsommation d'énergie, le gaspillage alimentaire...). Plus que cela, c'est une philosophie de vie qui vise à réduire les déchets visibles (emballages, objets à usage unique), et invisibles (éviter la surconsommation, encourager la sobriété en achetant de seconde main...), afin de réduire les problèmes sanitaires et environnementaux qu'ils posent.
Adoptez le zéro déchet pour que notre planète soit préservée !

D'après *Greenpeace.fr*

ZÉRO DÉCHET
REFUSER
RÉDUIRE
RÉUTILISER
RECYCLER
RENDRE À LA TERRE

Vrai ou faux ? Le zéro déchet ...
1. ne concerne que les emballages.
2. est une façon de vivre.
3. permet d'éliminer tous nos déchets.

3  **Quelles actions zéro déchet réalisez-vous ? Quelles actions vous tentent ?**

LE BUT

• **Pour/Pour ne pas** + infinitif
• **Afin de/Afin de ne pas** + infinitif
Le zéro déchet est un ensemble de pratiques *pour* réduire les déchets / *afin de* réduire les problèmes sanitaires et environnementaux qu'ils posent.

• **Pour que/Afin que** + subjonctif
Adoptez le zéro déchet *pour que* notre planète *soit* préservée !

4 Nos éco-gestes. Complétez ces phrases en vous aidant du texte de la page 82.

a. Les 5R sont des gestes pour …
b. Une consommation responsable est essentielle pour que …
c. Nous devons limiter les déchets inutiles afin de …
d. Nous devons recycler le plus possible afin que …
e. Acheter moins de vêtements est une mesure efficace afin de …

5 Gardez la parole pendant 1 minute.

Regardez autour de vous et en groupe citez un maximum d'objets, de matières, d'éléments … qui contiennent du plastique. Si vous hésitez, la parole est donnée à un autre groupe. L'équipe qui a la parole à la fin des 60 secondes a gagné.

6 Le plastique envahit nos vies.
Lisez et retrouvez l'ordre de ces paragraphes pour former un texte cohérent.

Apprendre à apprendre — Observer la structure d'un texte
• Je repère les connecteurs et les paragraphes.

Le paradoxe du plastique

1. Bref, la pollution plastique est une réalité. Et elle va bien au-delà de celle que nous constatons régulièrement sur les plages, le long des routes, à la surface des rivières … Une pollution invisible, composée de microplastiques, se retrouve dans les océans, les sols et même dans l'air que nous respirons.

2. Pourtant, cette matière a aussi des inconvénients. De sa fabrication à sa fin de vie (souvent paradoxalement prématurée), elle génère des impacts environnementaux, des émissions de CO_2 et contribue à l'épuisement des ressources.

3. Inventé à la fin du 19e siècle, le plastique a progressivement envahi nos vies depuis les années 50. La production mondiale est passée de 1,5 million de tonnes en 1950 à 117 millions en 1990, et à 368 millions en 2019. À tel point que rares sont les objets qui n'en contiennent pas. Il faut dire que ce matériau résistant, peu coûteux et malléable a de nombreux avantages.

4. Effectivement, peu de déchets plastiques sont aujourd'hui recyclés et beaucoup finissent incinérés avec les ordures ménagères ou dans des décharges. S'ils sont abandonnés dans la nature, ils mettront des siècles à disparaître … s'ils disparaissent vraiment.

Extrait de ADEME – guide « Le paradoxe du plastique en 10 questions »

LE SAVEZ-VOUS ?

Le 7e continent désigne des zones d'accumulation de déchets dans l'océan. Ces immenses accumulations constituées principalement de microplastiques peuvent atteindre des superficies équivalentes à six fois celle de la France.

3 On s'engage !

1 MÉDIATION • Regardez sur Internet la bande annonce du film *No et moi* adapté du livre de Delphine de Vigan.

a. Racontez l'histoire. Utilisez les mots suivants :

- sdf
- exposé
- convaincre ses parents
- lycéenne
- travail
- accueillir chez elle
- devenir compliqué

b. Quel est le problème traité dans ce film ?
c. Que connaissez-vous de cette réalité ?
d. Aimeriez-vous voir ce film ? Pourquoi ?

2 Des lycéens engagés contre les addictions. Lisez ce texte et répondez aux questions.

Reda et Solène sont 2 des 10 lycéens en classe de seconde qui ont été sélectionnés pour ce projet. Comme leurs camarades, ils se sont engagés malgré leur travail scolaire et leurs nombreuses activités en dehors du lycée.

Leur mission : aider les jeunes dans leur lycée qui ont des problèmes d'addiction.

« Quand on pense aux addictions on pense plutôt à l'alcool et la drogue, alors qu'il y a la cyberdépendance qui est aussi très préoccupante », dit Reda.

Ils ont suivi une formation de deux semaines avant de passer à l'action, en dehors des heures de cours.

Bien évidemment, bien que l'intervention de ces lycéens bénévoles soit très utile, cela ne remplace pas celle des éducateurs spécialisés et des professionnels de la santé. Ils sont là pour faire le pont et pour contribuer à une atmosphère de confiance.

« C'est plus efficace que de longs discours. Quand un/e camarade exprime ses difficultés, nous l'écoutons, nous lui proposons des solutions et nous l'orientons pour qu'il s'adresse à des structures spécialisées », dit Solène.

« Moi même, je n'ai pas connu l'addiction aux écrans, pourtant je me sens concerné car j'ai vécu ça dans ma famille. Je ne les juge pas. Pour moi, donner la parole c'est le premier pas », dit Reda.

a. Quelles personnes peuvent aider les jeunes avec des addictions ?
b. Pourquoi Solène parle-t-elle de « longs discours » ?
c. Pourquoi Reda se sent-il concerné ?

L'OPPOSITION

L'opposition est introduite par : **Alors que/ Tandis que ..., pourtant..., par contre... malgré ... bien que** + subjonctif.

 Cherchez des exemples d'expression de l'opposition dans le texte de l'exercice.

Unité 6 — quatre-vingt-quatre

3 **Les écrans et nous.** Pensez-vous qu'il faudrait imposer des limites concernant l'utilisation des écrans ?

Écrivez un texte argumentatif en vous inspirant du modèle suivant.

> L'usage des technologies au lycée. Pour ou contre ?
>
> **+ Introduction**
>
> <u>Aujourd'hui</u>, le débat concernant la technologie dans l'enseignement est très présent dans notre société. <u>Malgré tout</u>, les avis sont partagés.
>
> **+ Développement**
>
> <u>D'une part</u>, certaines personnes disent que l'apprentissage doit intégrer la technologie, <u>car</u> il faut que l'école soit en accord avec l'évolution de la société.
> <u>De plus</u>, la technologie peut nous aider à apprendre de manière ludique et interactive. <u>Par exemple</u>, nous faisons souvent des Kahoots en classe qui nous aident à réviser.
> <u>Pourtant</u>, la technologie ne favorise pas notre créativité. <u>En effet</u>, avec une application ou un logiciel, nous ne pouvons pas faire ce que nous voulons, <u>alors que</u> devant une page blanche nous pouvons créer n'importe quoi. <u>D'autre part</u>, malgré leur intérêt, les technologies peuvent nuire à la santé mentale des élèves. <u>Effectivement</u> en classe certains élèves ne font pas forcément un bon usage des technologies.
>
> **+ Conclusion**
>
> <u>Pour conclure</u>, les technologies devraient rester un outil, <u>par contre</u>, il ne faut pas oublier les relations humaines. <u>Par conséquent</u>, utilisons-les correctement à l'école.
>
> Léo, élève de première

Pour mon écrit
✓ Je souligne les connecteurs.
✓ Je donne des exemples pour illustrer mes arguments.

4 🎲 **Branchez-vous aux connecteurs !**

Scannez le QR code et jouez.

---

5 **MÉDIATION** • **Plus grand que nous.**

Bigger than us (plus grand que nous) est un documentaire réalisé en 2021 par Flore Vasseur. Il raconte les actions de jeunes activistes de différents pays du monde pour la liberté d'expression, les droits des femmes, la sécurité alimentaire, l'accueil et l'éducation des réfugiés …

a. Par groupes de 2, lisez le texte qui vous est attribué et expliquez-le à vos camarades.
b. Commentez les actions de ces jeunes. Laquelle vous semble la plus courageuse, la plus difficile, la plus nécessaire, la plus dangereuse ?

RENE SILVA (Brésil)
SON ENGAGEMENT

À l'âge de 11 ans, Rene a créé « Voz das Comunidades », le premier média permettant de partager des informations et des histoires sur sa favela, écrite par et pour la communauté. Lui et son équipe de 16 journalistes s'intéressent aux populations et à elles seules. Ils racontent de l'intérieur leur quotidien de pauvreté, d'inégalités, de racisme, mais aussi de résilience. Ils organisent des événements pour les enfants et les familles dans les favelas. Ils luttent contre les stéréotypes et l'enfermement. René croit au journalisme de proximité et de résistance ainsi qu'au pouvoir des communautés.

MARY FINN (Grèce)
SON ENGAGEMENT

Depuis l'âge de 18 ans, Mary participe à des opérations de sauvetage en mer de migrants au large des côtes grecques, turques ou libyennes, ou à leur accueil dans des camps en Grèce. Elle témoigne de la situation des réfugiés en Europe et de ses conséquences sur la politique européenne.

4 Préservons le patrimoine !

1 **Engagés pour le patrimoine.** Lisez ce texte et répondez aux questions.

a. Relevez les idées principales.
b. Donnez votre opinion sur ce type de vacances.
c. Seriez-vous prêt(e)s à participer à des chantiers ? Pourquoi ?

Des jeunes restaurent la citadelle de Besançon.

17 adolescents de 14 à 17 ans, venus de toute la France, restaurent, du 10 au 24 juillet, la Citadelle de Besançon. L'association Club du Vieux Manoir propose chaque été depuis 70 ans à des adolescents motivés de se salir les mains pour restaurer des monuments historiques dans toute la France. Ils viennent par solidarité, par idéalisme et veulent changer le monde. Une manière d'allier à la fois l'esprit des vacances avec la préservation du patrimoine.

Mais pas d'inquiétude ! Les journées ne se résument pas aux heures passées sur les chantiers. Certains matins ou après-midis, ils enchaînent les activités (visites des musées, escape-game, …).

À la fin de la journée, ils profitent de la piscine du camping, des jeux organisés par les animateurs, et des soirées à thèmes. Presque un esprit de colonie de vacances … Tous ont le sourire et sont enthousiastes, à l'image de Louane : « Du coup on fait des vacances utiles, mais en même temps il faut qu'on s'amuse aussi ! »

D'après *Francebleu.fr*

LA NOMINALISATION

La nominalisation consiste à transformer un verbe ou un adjectif en nom.

- À partir d'un **verbe**, on ajoute : –ment, -tion/-ation : *changer → changement ; préserver → préservation*
- À partir d'un **adjectif**, on ajoute : -tude, -té/ité ou –isme : *inquiet → inquiétude ; solidaire → solidarité, idéaliste → idéalisme*

Changez le titre de l'article « Des jeunes restaurent la citadelle Vauban de Besançon » en nominalisant le verbe « restaurer ».
Que constatez-vous concernant la syntaxe de la phrase ?

2 Nominalisez ces titres de journaux.

a) **Les Millenials sont inquiets pour l'avenir de la planète.**

b) **LES JEUNES S'ENGAGENT POUR LES AUTRES.**

c) **Les sportifs collaborent en collectant des fonds pour la recherche médicale.**

d) **DES LYCÉENS ANXIEUX FACE AU RÉCHAUFFEMENT CLIMATIQUE.**

Unité 6

3 🎲 **Qui trouve le plus de noms en moins de temps ?**

Les terminaisons sont : esse - ance - té - ation - tion - ture - age - sion

Renaître
Nettoyer Décider
Fier Superviser
Assister **Créer** Tolérant
Jeune Consolider Ouvrir
Souple Échafauder
Participer

4 ▶︎ **Bénévoles sur un chantier.**
Regardez la vidéo et répondez aux questions.

a. Quelles informations sont données sur la forteresse des Cornes d'Urfé ? (lieu, siècle)
b. Pourquoi Marine a-t-elle décidé d'être bénévole dans ce chantier ?
c. Depuis quelle année Éric est-il coordinateur de ce chantier ?
d. Éric dit qu'il s'agit d'un projet de ….
e. Combien de bénévoles y-a-t-il cette année et quel est leur âge ?

5 💬 **Restaurer le patrimoine.**

Connaissez-vous, dans votre pays, des initiatives semblables qui impliquent des jeunes et qui ont pour but de restaurer des monuments du patrimoine ?
Si vous participiez à un chantier, quel monument aimeriez-vous restaurer ? Pourquoi ?

6 🎲 **Les objectifs de développement durable : Qu'avez-vous retenu ?**

Scannez le QR code et jouez.

7 🎧 **J'ARTICULE** • **Les voyelles nasales [ɔ̃] [ɑ̃] [ɛ̃]. Écoutez et répétez.**

Quand
Quand j'avais
Quand j'avais 5
Quand j'avais 5 ans
Quand j'avais 5 ans j'avais
Quand j'avais 5 ans j'avais toujours
Quand j'avais 5 ans j'avais toujours faim

J'ai
J'ai mangé
J'ai mangé un
J'ai mangé un croissant
J'ai mangé un croissant très
J'ai mangé un croissant très bon
J'ai mangé un croissant très bon dans
J'ai mangé un croissant très bon dans l'avion

quatre-vingt-sept **87** Unité 6

Projet — Agissez pour la planète !

1. Lisez le texte à voix haute.

Prenez votre temps. Ne lisez pas trop vite et faites des pauses, mettez-vous dans la peau de la narratrice, vous êtes en état de contemplation et d'émerveillement.

Quelques heures plus tard, je suis réveillée par l'intuition qu'il me faut regarder le paysage : j'ouvre le volet du hublot et ce que je découvre me coupe le souffle. L'avion est en train de survoler l'Himalaya, dont la blancheur suffit à éclairer les ténèbres. Nous sommes si près de la cime que je rentre le ventre à l'idée de toucher l'Everest […]

Je demeure collée à la vitre, à dévisager ces colosses enneigés. La nuit est bénie, qui rend possible cette contemplation : de jour, la violence de la lumière m'aurait obligée à détourner les yeux. De nuit, j'ai l'impression de rencontrer, lors d'une expédition de plongée sous-marine, une famille de baleines bleues, nobles et immobiles, dans ces ténèbres imparfaites des fonds pénultièmes qui permettent d'y voir tellement mieux que les horribles éclairages des hommes.

Je côtoie ces géants avec d'autant plus d'extase qu'ils m'ignorent. Ils répondent à mon amour par l'indifférence bienveillante des chefs-d'œuvre. C'est aussi divin que de lire un très grand livre : je peux sangloter d'exaltation, le texte s'en fiche. Que j'aime cette solitude de l'émerveillement !

Amélie Nothomb. *La nostalgie heureuse*, Éditions Albin Michel, 2013

LE SAVEZ-VOUS ?

Amélie Nothomb est une écrivaine belge, née au Japon où elle a vécu les premières années de sa vie.
Depuis son premier roman, *Hygiène de l'assassin*, elle a écrit environ 30 livres. Son roman *Stupeur et Tremblements* a eu énormément de succès. Elle y raconte son expérience dans une entreprise japonaise. Elle a obtenu plusieurs prix littéraires dont le Prix Renaudot en 2021 pour son roman *Premier sang*.

2. Le projet d'Axel, Jade et Noor pour limiter l'usage du plastique.

Regardez l'affiche d'Axel, Jade et Noor pour protéger la planète.
Scannez le QR code, écoutez et répondez aux questions.*

a. Est-ce que les actions qu'ils proposent sont faciles à réaliser pour vous ?

b. Pourquoi le plastique est-il un problème pour notre planète ?

c. Pourquoi moins de 20% du plastique fabriqué est recyclé ?

* Vous pouvez aussi écouter Axel, Jade et Noor en allant sur la piste audio n° 35.

- le gaspillage
- la surconsommation
- les ressources
- le transport
- le recyclage

3. À vous !

Agissez ! Réalisez une affiche !

a. Choisissez un domaine où notre empreinte sur l'environnement est néfaste, comme proposé dans les étiquettes.

b. Expliquez le problème et ses conséquences en milieu scolaire.

c. Proposez des actions ou des gestes que vous pouvez réaliser.

> **CLIC** Vous pouvez utiliser Vocaroo pour enregistrer votre voix et générer un QR code que vous pourrez insérer dans votre affiche.

On révise ensemble

En binômes ou en groupes, prenez une feuille pour écrire vos réponses. Vous pouvez consulter vos notes si nécessaire.

 **Travailler en collaboration**
- Je partage mes connaissances.
- Je révise.
- Je consolide mes apprentissages.
- Je me mets d'accord avec mes camarades pour les réponses.

1 De quel temps verbal est suivi le connecteur de but « pour que » ? Donnez un exemple.

2 Dites 10 mots nécessaires pour parler de l'environnement.

3 Que sont les ODD ? Donnez un maximum d'informations.

4 Quelles activités peut-on faire au lieu d'être devant un écran ?

5 Quels connecteurs n'expriment pas l'opposition ?
a. Étant donné que
b. Pourtant
c. Donc
d. Malgré
e. Car
f. Même si

6 Trouvez les noms qui correspondent aux verbes suivants :
a. Souffrir
b. Créer
c. Agir
d. Fermer
e. Construire

7 Trouvez les noms qui correspondent aux adjectifs suivants :
a. Lent
b. Seul
c. Propre
d. Complexe
e. Beau

8 Définissez ces mots :
a. Addiction
b. Chantier
c. Zéro déchet
d. Microplastiques

9 Lisez ces phrases en faisant attention à la prononciation des nasales.
- Manon a vingt ans.
- Ce matin les enfants mangent des bonbons.

Bilan — Unité 6

1 COMPRÉHENSION ÉCRITE

Lisez le texte et répondez aux questions. Donnez des réponses précises et utilisez vos propres mots.

La pollution numérique

De nos jours, le télétravail s'est accentué, surtout depuis la Covid19. Est-ce que c'est vraiment positif pour l'environnement ?

D'un côté, cette mesure est positive car on évite les déplacements et la dépense d'énergie qu'ils entraînent. On contribue aussi à la baisse de la production de papier et par conséquent, à la déforestation.

D'un autre côté, il faut savoir que le « nuage » (le Cloud) requiert des serveurs qui ont besoin d'être refroidis en permanence. L'énergie demandée pour cela est énorme et la production de cette énergie est hautement polluante.

De plus, le nuage repose sur l'utilisation croissante d'outils technologiques difficilement recyclables, qui ont des cycles de vie très courts et dont la fabrication implique des matières premières rares.

Enfin, la digitalisation de notre travail n'est pas sans conséquences pour l'environnement et le nuage n'est pas la solution miracle pour contribuer à sa bonne santé.

a. Quels sont les avantages du télétravail pour le respect de l'environnement ?
b. Et les inconvénients ?

2 COMPRÉHENSION ORALE

 30 Écoutez et répondez aux questions.

a. Que fait Florian ?
b. Que fait-il pour les maraudes* ?
c. Qu'est-ce que cette expérience a permis à Florian de connaître, au niveau personnel ?
d. Pourquoi est-il content au sujet du jeune dont il parle ?
e. Dans quoi veut-il s'engager ?

* maraude : parcours organisé par des humanitaires pour aider les personnes qui vivent dans la rue

3 PRODUCTION ÉCRITE

Pensez-vous que vos actions peuvent être utiles pour changer et améliorer le monde ?

Pour mon écrit
✓ Je présente des faits en donnant des exemples.
✓ J'utilise des connecteurs logiques.
✓ Je donne mon opinion.

4 PRODUCTION ORALE

Choisissez l'un de ces sujets, quels défis êtes-vous prêts à relever pour …
- préserver l'environnement ?
- aider les autres ?
- limiter l'usage des nouvelles technologies ?

Pour mon oral
✓ J'exprime le but.
✓ J'utilise le subjonctif.

Annexes

- **Entraînements au DELF B1** .... p. 94
- **Précis grammatical** .... p. 100
- **Conjugaisons** .... p. 106
- **Lexique** .... p. 111
- **Transcriptions** .... p. 113

Entraînement au DELF B1

Entraînement 1

COMPRÉHENSION ORALE

1 **Lisez les questions, écoutez puis répondez.**

a. Sandrine a été …
   1. assistante linguistique en Arizona.
   2. lectrice dans une université américaine.
   3. professeur d'anglais.

b. Sandrine est partie aux États-Unis …
   1. en 1984.
   2. quand elle était encore étudiante en France.
   3. avec sa propre voiture.

c. La plupart des élèves se rendaient au lycée …
   1. à pied. 2. en voiture. 3. en bus.

d. La rentrée …
   1. commençait plus tard qu'en France.
   2. était l'occasion d'organiser une fête pour les lycéens.
   3. se faisait avec l'équipe de foot.

e. Les professeurs …
   1. motivaient les élèves grâce à leur feedback positif.
   2. étaient très indulgents.
   3. prenaient comme point de départ ce que les élèves ne savaient pas faire.

f. Le premier jour, Sandrine a été étonnée par …
   1. les professeurs.
   2. l'ambiance créée par les animatrices.
   3. l'atmosphère et la façon dont les professeurs s'adressaient aux élèves.

2 **Lisez les questions, écoutez puis répondez.**

a. « Chouette pas chouette » …
   1. est composée de 6 épisodes.
   2. est un programme d'animation télé.
   3. est une série télé institutionnelle.

b. L'objectif de la série est …
   1. d'éduquer les enfants à propos des stéréotypes sexistes.
   2. d'avoir de l'empathie.
   3. de sensibiliser les parents et les professeurs.

c. Quels sont les thèmes traités dans les épisodes ? (2 réponses)
   1. Le rose est pour les filles.
   2. Les garçons ne peuvent pas avoir les cheveux longs.
   3. Les filles ne peuvent pas être chefs.
   4. Les garçons doivent faire du foot.

d. À l'origine de la création de cette série il y a …
   1. une équipe de scénaristes et de producteurs.
   2. une enquête faite auprès de la population.
   3. des parents et des professionnels de l'enfance.

e. Pourquoi plusieurs chaînes de télé diffusent-elles cette série ?
   1. parce qu'elle est éducative et permet de lutter contre les violences faites aux femmes.
   2. parce que c'est un bon divertissement.
   3. parce que c'est un projet qui concerne beaucoup de monde.

f. Pour la journaliste, « chouette pas chouette » est destiné …
   1. uniquement aux enfants de maternelle.
   2. aux enfants et aux adolescents.
   3. à tout le monde, y compris les adultes.

g. Dans les écoles …
   1. les professeurs montrent la série à leurs élèves.
   2. des youtubeurs viennent présenter la série.
   3. il y a un programme pédagogique qui complète la série.

COMPRÉHENSION ÉCRITE

Vous partez en voyage à Bruxelles avec votre famille. Vous cherchez un hébergement qui correspond aux critères suivants :

– Situé à proximité des principaux lieux touristiques et d'un moyen de transport
– Petit-déjeuner et dîner sur place ou à côté
– Couchage pour quatre personnes avec des lits doubles ou individuels
– Prix du séjour raisonnable (hébergement, et/ou repas, et/ou transport)

Vous avez sélectionné 4 hébergements, mais avant de décider lequel choisir vous consultez les avis de clients qui ont séjourné dans ces établissements.
Pour chaque annonce, indiquez par « oui » ou par « non » si tous les critères sont satisfaits.

Martine, Luxembourg a écrit un avis (novembre 2022)
📍 Bruxelles central

●●●●○

Notre famille a passé un très bon séjour dans cet hôtel. L'emplacement est génial. Par contre, pour les enfants, le canapé-lit est juste au niveau confort. Nous n'avons pas pris de petit-déjeuner, trop cher. Juste au coin de la rue, nous avons trouvé un petit bistrot sympa qui proposait des formules repas pour les familles. Le quartier est très animé et la nuit ça s'entend ! Il n'y a pas de double vitrage dans les chambres. Bon rapport qualité prix si on prend ses repas à l'extérieur.

Date du séjour : novembre 2022

Jean, France a écrit un avis (août 2022)
📍 Chambre d'hôtes Wallonie

●●●●○

Chambre d'hôtes bien située. Petit-déjeuner copieux et de qualité, sans viennoiseries industrielles. La chambre famille est vraiment très spacieuse, un couchage pour chacun, propre, tous les conforts que l'on peut attendre et même plus. Le quartier n'est pas très sécurisé à mon avis, surtout la nuit. Mieux vaut donc, pour le dîner, éviter de rentrer trop tard. La chambre donne sur la cour, et donc pas de bruit qui nous a gênés. Par rapport aux autres hébergements du quartier, le prix est plus raisonnable mais c'est quand même assez conséquent.

Date du séjour : août 2022

Hugues, Suisse a écrit un avis (octobre 2021)
📍 Rue de Belgique

●●●○○

L'appartement est situé dans un quartier calme. Concernant la chambre, les lits superposés pour les enfants étaient dans une autre chambre que la nôtre. Pour les repas, la cuisine est bien équipée et le supermarché du coin de la rue permet de faire ses courses jusque très tard dans la soirée. Seul bémol, loin de tout et la bouche de métro la plus proche est à trois quart d'heures. Si vous voulez visiter les endroits les plus touristiques, vous devez prendre un taxi, surtout avec des enfants. Pour votre budget voyage, il faut donc compter ce surcoût.

Date du séjour : octobre 2021

Pascale, France a écrit un avis (septembre 2022)
📍 Bruxelles, Grand-Place

●●●●○

Réservation faite à l'occasion d'une promo avantageuse. En plein centre-ville de Bruxelles … À proximité immédiate de la Grand-Place, de la fondation Brel, des galeries royales, restaurants, cafés … Et le calme (malgré le point précédent !). Bagagerie.
Choix illimité au petit-déjeuner. La chambre est spacieuse et adaptée pour une famille avec des ados. Pour le couchage, un lit pour chacun, ce qui est appréciable. La bombe anti-punaises déposée sur la table de nuit n'était pas rassurante…La déco a besoin d'être rafraîchie et le personnel n'est pas forcément aimable.

Date du séjour : septembre 2022

PRODUCTION ORALE

a. Entretien dirigé
Répondez aux questions suivantes :
– Pouvez-vous vous présenter, parler de vous, de vos passe-temps … ?
– Qu'est-ce que vous avez fait hier ?
– Que ferez-vous cet été ?

b. Exercice en interaction
Vous avez acheté un pull en laine dans un magasin de vêtements du centre-ville. Avant de le porter, vous l'avez lavé en machine en suivant les indications de l'étiquette. Mais le pull a rétréci et il ne vous va plus. Vous retournez au magasin pour être remboursé. La vendeuse refuse. Vous essayez de résoudre votre problème.

c. Expression d'un point de vue
Vous dégagerez le thème soulevé par le texte ci-contre et vous présenterez votre opinion sous la forme d'un exposé personnel de 3 minutes environ.

Les réseaux sociaux embellissent-ils les vacances ?

C'est en tout cas ce que beaucoup d'entre nous espèrent, parfois inconsciemment, en prenant des selfies dans des décors de rêves.« Sur les réseaux sociaux, nous voulons nous présenter de la manière la plus positive possible, nous filtrons ce que nous pensons valoir la peine de montrer. Le mauvais temps, les autres touristes ou les moments ennuyeux ne sont pas inclus », analyse Zilla Van den Born. Cette artiste néerlandaise a trompé famille et amis pendant cinq semaines en leur faisant croire qu'elle effectuait le plus beau des voyages en Asie du Sud, alors qu'elle truquait des photos depuis son appartement d'Amsterdam. Selon le site Booking, un tiers des voyageurs préfèrent séjourner dans un hébergement « instagrammable ». Par conséquent, les destinations touristiques surfent sur la tendance et aménagent des « spots » joliment décorés qui font de parfaits cadres. Mais pourquoi vouloir à tout prix poster la plus belle photo ? Pour montrer sa valeur. Les réseaux sociaux sont en effet devenus le nouvel espace de comparaison et aussi de compétition. Selon une étude anglaise, plus de 40 % des personnes choisissent leur destination de vacances en fonction de ce qu'ils pourront montrer à leur famille et amis ! Mais cette comparaison perpétuelle peut devenir un facteur de stress. Plus belles, les vacances sont aussi moins relax …

D'après Ça m'intéresse

PRODUCTION ÉCRITE

Vous recevez ce message d'un ami. Vous lui répondez. (160 à 180 mots)

Salut,
Cet été mes parents veulent que je parte à Bath, en Angleterre, pendant quinze jours pour un séjour linguistique.
Ils pensent que je pourrai faire des progrès en anglais. Je ne suis pas trop convaincu … L'année dernière tu es allé en Irlande.
Comment s'est passée ton expérience ? Est-ce qu'un séjour linguistique permet d'apprendre une langue étrangère ?
Merci d'avance pour ta réponse.
À bientôt,
Nathan

Entraînement au DELF B1

Entraînement 2

COMPRÉHENSION ORALE

 Lisez les questions, écoutez puis répondez.

a. Le nombre de tonnes de vêtements mis en vente chaque année en France est de …
   1. 100 000 tonnes.   2. 600 000 tonnes.   3. 500 000 tonnes.   4. 1000 tonnes.

b. Combien de kilos de vêtements sont consommés chaque année par personne ?
   1. 20 kilos.   2. 15 kilos.   3. 5 kilos.   4. 3 kilos.

c. Vrai ou faux ?
   1. Nous consommons trois fois plus de vêtements aujourd'hui qu'il y a 15 ans.
   2. En Europe, nous jetons chaque année près de 4 millions de vêtements.
   3. L'industrie textile est l'une des plus polluantes au monde.
   4. 80 % des Français possèdent des vêtements qu'ils ne portent jamais.
   5. La mode lente n'implique pas une production éthique des vêtements.

d. L'upcycling, c'est …
   1. recycler ses vêtements en les donnant.
   2. créer de nouveaux vêtements à partir d'anciens vêtements.
   3. fabriquer ses propres vêtements.

COMPRÉHENSION ÉCRITE

Lisez et choisissez la bonne réponse pour chaque question.

L'éternel féminin vole en éclats dans les magazines québécois

L'année 2020 aura été sous le signe de la diversité dans les magazines féminins québécois.

« Comme magazine féminin, on a un rôle important à jouer pour mieux refléter la société et provoquer des discussions. L'inclusion est importante, on veut que le magazine s'adresse à tout le monde », explique la directrice générale du groupe KO éditions. D'autres revues québécoises ont aussi marqué les esprits en faisant davantage de place à la diversité, particulièrement après le décès de George Floyd aux États-Unis, qui a ravivé le mouvement Black Lives Matter. Pour l'édition d'automne de *Véro*, pour la première fois, 11 femmes noires influentes figuraient en couverture.

Si nombre de lectrices et d'observateurs applaudissent à ces prises de position et à ce virage vers une plus grande diversité raciale, corporelle, d'âge, de sexe et de genre, d'autres y voient quelques maladresses et une forme d'opportunisme pour vendre davantage.

Pour gommer cette impression d'opportunisme, la recette est simple, croit de son côté Caterine Bourassa-Dansereau, professeure au Département de communication sociale et publique de l'UQAM. « Il ne faut pas juste mettre une femme noire ou une personne non binaire connue en une d'un magazine. Il faut que, dans les pages, on aborde leur combat politique, les problèmes qu'elles vivent, leur histoire. Qu'on laisse aussi une place à leur plume, pour que ces personnes s'expriment », souligne-t-elle. « Ça va contribuer à faire avancer des débats et à normaliser la différence. »

Sophie Banford, d'*Elle Québec*, reconnaît que du chemin reste à parcourir. Elle prend en exemple *ELLE Canada* ou les magazines féminins américains, plus avancés en la matière. Mais c'est surtout sur la question de la représentation d'une diversité corporelle que des efforts doivent être faits, selon elle. « On essaie d'amener une diversité de corps dans nos reportages, mais c'est plus difficile pour les shootings de mode. Les grandes marques et les designers nous donnent des échantillons qui sont systématiquement de petite taille », fait valoir Sophie Banford.

D'après *Ledevoir.com*

a. Les magazines québécois …
   1. ont introduit de nouveaux modèles féminins depuis les années 2020.
   2. reproduisent le modèle féminin traditionnel et éternel.
   3. copient les magazines américains et du Canada anglophone.

b. La presse féminine du Québec …
   1. est plus inclusive.
   2. vend plus de magazines parce qu'il y a plus de diversité.
   3. met en couverture plus de femmes noires.

c. Concernant la place accordée à la diversité :
   1. Les lecteurs se sentent manipulés et pensent que c'est une forme de marketing.
   2. Les lecteurs sont contents et pensent que c'est le reflet de la société.
   3. Certains lecteurs ne sont pas convaincus par les réelles intentions de ces magazines.

d. Selon la professeure universitaire, le traitement de la diversité dans les magazines doit ...
   1. rendre normales les différences.
   2. permettre d'organiser des débats dans les universités.
   3. être le début du combat politique.

e. Selon l'article, pour traiter les différences ...
   1. il y a encore beaucoup à faire.
   2. les marques de vêtements doivent faire des tailles plus grandes.
   3. il ne faut pas rester seulement sur l'image mais aussi traiter de sujets sur ce thème.

f. Il faut aussi ...
   1. donner la parole aux personnes issues de ces diversités.
   2. prendre exemple sur les Américains.
   3. prendre exemple sur la mode.

g. La diversité la moins représentée dans les magazines québécois est ...
   1. la diversité raciale.
   2. la diversité corporelle.
   3. la diversité d'âge.
   4. la diversité de sexe et de genre.

PRODUCTION ORALE

a. Expression d'un point de vue.

Vous dégagerez le thème soulevé par le document et vous présenterez votre opinion sous la forme d'un exposé personnel de 3 minutes environ.

Pourquoi le sport au collège ou au lycée « c'est bien, mais pas assez » ?

Santé publique France lance une campagne jeudi, jour de la rentrée scolaire, pour encourager les adolescents à pratiquer plus d'activité physique. En effet, une étude menée en 2015 a montré que seulement 50,7 % des garçons et 33,3 % des filles âgés de 6 à 17 ans suivent la recommandation de l'OMS de faire au moins soixante minutes d'exercice physique modéré à intense par jour.
Bien que l'éducation physique et sportive (EPS) soit obligatoire dans les lycées français avec une durée hebdomadaire de deux à trois heures, cela reste insuffisant par rapport aux recommandations de l'OMS.

La vice-présidente du syndicat Médecins Généralistes de France (MGF), se demande si l'intensité de l'activité physique pratiquée par les adolescents est suffisante et si le temps réel consacré au sport est satisfaisant. Elle souligne que souvent, sur les deux heures d'EPS, il y a déjà trente minutes de marche pour se rendre sur le lieu de pratique, ce qui laisse peu de temps pour l'exercice physique en lui-même. Bien que cela permette aux élèves de se remettre en mouvement, cela reste insuffisant.

b. Exercice en interaction

Vous passez le week-end à Paris avec un/e ami/e. Vous avez envie de visiter des musées : le Louvre, le musée d'Orsay, le musée de l'Orangerie ... mais votre ami/e n'aime pas trop les musées. Vous essayez de le/la convaincre de l'intérêt de votre proposition et cherchez ensemble une solution.

PRODUCTION ÉCRITE

À votre avis, quels sont les avantages et les inconvénients du rythme scolaire tel qu'il est appliqué dans votre établissement (emplois du temps, vacances scolaires ...) ?
Vous écrivez un article à ce sujet dans le journal de votre lycée. (160 à 180 mots)

Entraînement au DELF B1

Entraînement 3

COMPRÉHENSION ORALE

 Lisez les questions, écoutez puis répondez.

a. D'après le sondage …
   1. 80% des français sont inquiets des conséquences du réchauffement climatique pour notre planète.
   2. les Français souhaitent réduire leur empreinte numérique.
   3. une partie des Français ne connaît pas l'impact de la pollution numérique sur notre environnement.

b. Cette année, les émissions mondiales de gaz à effet de serre …
   1. sont plus importantes avec l'usage d'internet qu'avec le transport aérien.
   2. provoquent le réchauffement climatique de notre planète.
   3. ont augmenté à cause du transport aérien.

c. Quand on fait une recherche sur internet …
   1. on dépense de l'énergie parce que les informations sont gérées par des machines.
   2. on émet 17g de CO_2.
   3. on pollue moins qu'en voyageant.

d. Pour réduire l'impact du numérique, il faut …
   1. effacer les messages inutiles de sa boîte mail.
   2. éteindre la lumière quand on part en vacances.
   3. recharger sa batterie la nuit.

e. Le plus polluant est de …
   1. regarder des films en streaming.
   2. fabriquer un DVD.
   3. garder les spams dans sa boîte mail.

f. L'usage de dispositifs numériques a des avantages pour l'environnement …
   1. parce qu'on utilise moins de papier et on coupe moins d'arbres.
   2. parce qu'on se déplace moins.
   3. parce qu'on a besoin de moins d'espace pour stocker des dossiers.

g. Préparer son thé en faisant bouillir de l'eau consomme …
   1. plus d'énergie que deux recherches sur Google.
   2. moins d'énergie que deux recherches sur Google.
   3. la même énergie que deux recherches sur Google.

COMPRÉHENSION ÉCRITE

Lisez et et choisissez la bonne réponse pour chaque question.

Opéra Garnier : on a testé le nouveau jeu immersif Arsène Lupin

Cette année, il existe une nouvelle façon ludique de visiter l'Opéra Garnier. À la différence des visites guidées traditionnelles, le nouveau jeu immersif Arsène Lupin permet aux visiteurs d'observer, d'une façon unique, ce lieu fascinant.

Une nouvelle expérience est à vivre sous les ors de l'Opéra Garnier. Le célèbre monument de Paris accueille, depuis le 21 décembre dernier, un jeu immersif, inspiré des escape games. Et c'est l'emblématique Arsène Lupin, gentleman cambrioleur des romans de Maurice Leblanc, qui nous invite à explorer les lieux avec un regard inédit. Voilà comment se déroule cette visite pas comme les autres.

Lorsque l'on arrive, nous sommes tout de suite accueillis par les valets d'Irène Lupin, l'hôtesse de ces lieux. Nous formons alors des groupes et nous nous voyons remettre le mystérieux carnet d'Arsène Lupin, comprenant six énigmes à résoudre. Les différentes étapes du jeu se déroulent ensuite à travers tout le palais. L'occasion d'appréhender ce lieu magique érigé au XIXe siècle et qui n'a pas encore révélé tous ses secrets aux visiteurs. C'est d'ailleurs dans cette perspective que les joueurs pourront accéder à un endroit habituellement fermé au grand public. Mais chut, on ne vous en dit pas plus !

Une fois les portes passées, nous sommes immédiatement immergés dans les lieux. Il faut toutefois savoir que les participants à cette expérience sont mélangés avec les autres visiteurs qui n'ont aucun lien avec le jeu. Plan en main, notre mission sera tout d'abord de trouver les indices dans les différentes œuvres d'arts de l'Opéra Garnier, et d'établir des liens entre eux. Ce jeu immersif nous permet ainsi d'observer d'une façon unique l'intérieur de ce lieu fascinant. Nous regardons alors les moindres détails des peintures, des sculptures et des décors afin de résoudre les énigmes.

Un point n'est toutefois pas évident : la quête de ces indices. Nous avons parfois mis plus de 30 minutes à en trouver un. Heureusement, des guides – mélangés à la foule – peuvent nous aider à nous repérer. Car l'Opéra est un lieu gigantesque et l'on s'y perd très vite.

D'après *cnews.fr*

a. Le jeu immersif Arsène Lupin permet ...
   1. de visiter l'Opéra en participant à un jeu d'évasion.
   2. de découvrir l'Opéra avec un guide déguisé en Arsène Lupin.
   3. de connaître l'Opéra grâce à un jeu de cartes.

b. Les participants au jeu ...
   1. se déplacent librement dans l'Opéra, comme n'importe quel visiteur.
   2. restent avec leur groupe et doivent suivre leur guide à tout moment.
   3. doivent suivre les indications d'itinéraires marquées dans leur carnet.

c. Dans ce jeu il s'agit ...
   1. de bien observer les œuvres d'art de l'Opéra Garnier pour trouver les réponses.
   2. de résoudre des énigmes grâce aux pistes cachées dans les différentes pièces du palais Garnier.
   3. d'aider Arsène Lupin à sortir de l'Opéra Garnier, car c'est un vrai labyrinthe.

d. Vrai ou faux ?
   1. Ce jeu est parfois difficile et il faut se débrouiller seul avec son groupe.
   2. Ce jeu simule une visite du monument par Arsène Lupin.
   3. Le jeu permet de découvrir un lieu qui n'est généralement pas ouvert au public.

PRODUCTION ORALE

Vous dégagerez le thème soulevé par le document et vous présenterez votre opinion sous la forme d'un exposé personnel de 3 minutes environ.

Canicule, sécheresse, incendie : Météo France dresse le bilan d'un été de tous les records

Canicules, incendies, sécheresse record... Météo France a fait le bilan, mardi 30 août 2022, d'un été inédit mais qui pourrait vite devenir la norme sous les effets du changement climatique. « Une préfiguration » de l'avenir, a souligné Samuel Morin, directeur du Centre National de Recherches Météorologiques de Météo France, en présentant ce bilan. Vers 2050, « on s'attend à ce qu'à peu près la moitié des étés soient d'un niveau de températures comparable voire supérieur ». Et ce, même si les émissions de gaz à effet de serre qui causent le réchauffement sont contenues. L'opinion publique a également été marquée par des épisodes orageux impressionnants, qui ont fait cinq morts en Corse le 18 août. Si de tels phénomènes météo exceptionnels ne sont pas directement imputables au changement climatique, celui-ci renforce leur intensité et leur fréquence selon les climatologues.

D'après France24

PRODUCTION ÉCRITE

Vous êtes adolescent/e et le réchauffement climatique vous préoccupe.

Vous témoignez sur le forum d'un magazine de votre inquiétude concernant le changement climatique. Comment cette préoccupation se traduit-elle au quotidien ? Vous empêchez-vous de pratiquer certaines activités, certains achats ou modifiez-vous certains de vos comportements ? Quelles sont les conséquences sur votre vie ? (160 à 180 mots).

Précis grammatical

Unité 1

■ LES COMPARATIFS
On compare :
- un nom :
  David a **moins de** devoirs/**autant de** devoirs/**plus de** devoirs/**que** Carla.
- un adjectif :
  Jeanne est **moins** coquette/**aussi** coquette/**plus** coquette/**que** David.
- un adverbe :
  Carla s'organise **moins bien**/**aussi bien**/**mieux**/**que** David.
  Jeanne écoute **moins**/**aussi**/**plus** fréquemment de la musique/**que** Carla.
- Un verbe :
  David range **moins**/**autant**/**plus**/**que** Carla.

Les comparatifs irréguliers
~~plus bon~~ → meilleur   ~~plus bien~~ → mieux   ~~plus mal~~ → pire

■ LES SUPERLATIFS
On distingue un élément :
- Verbe + le/la/les /moins/plus
  C'est David qui range le moins. Ce n'est pas David qui range le plus !
- Le/la/les moins/plus de/d'/des + nom
  C'est Romain qui a le plus d'amis.
- Le/la moins/plus + adjectif
  C'est la personne la plus agréable.
- Le/la/les /moins/plus + adverbe
  Jeanne écoute de la musique le plus souvent.

Les superlatifs irréguliers
~~plus bon~~ → le (la/les) meilleur(e)(s)   ~~plus bien~~ → le(la/les) mieux

Unité 2

■ LES PRONOMS RELATIFS SIMPLES
Ils remplacent un nom ou un groupe nominal. Ils évitent sa répétition quand plusieurs phrases sont reliées.
- « qui » remplace un sujet (une personne, un animal ou une chose).
  C'est un livre qui m'a plu.
- « que/qu' » remplace un complément direct (une personne, un animal ou une chose).
  C'est un livre que j'aime beaucoup.
  Attention ! Au passé composé, il faut faire l'accord du participe passé si « que » est devant le verbe :
  Les fleurs que j'ai offert**es** à ma mère sentaient très bon.
- « où » remplace un complément de temps ou de lieu.
  Je connais les endroits où elle vit.
  J'ai commencé à lire ce livre le jour où on me l'a offert.
- « dont » remplace un complément introduit par la préposition « de ».
  Je me souviens d'un livre.   →   C'est un livre dont je me souviens très bien.
  Quelques verbes régis par la préposition « de » :
  Parler de, se souvenir de, avoir envie de, avoir besoin de, avoir peur de, rêver de, se servir de …

■ LES INDÉFINIS

Les adjectifs et pronoms indéfinis désignent des personnes, des animaux, des choses ou des lieux avec différents degrés de quantité, d'individualité ou de totalité ...

- **Ne + aucun (e) (s)**
  Les filtres n'ont aucun secret pour eux.
- **Aucun/Personne/Rien**
  Ils sont toujours accompagnés de la négation « ne » ou de la préposition « sans ».
  Aucun élève n'a le droit d'entrer dans cet espace.
  Il n'y a aucun résultat sans effort.
  Personne n'est parfait.
  Rien n'est impossible.
- **Certain(e)s/Plusieurs/Quelques + nom**
  Certains blogueurs manipulent leurs photos.
  Quelques blogueurs dénoncent ces photos truquées.

- **Tout(e)(s)/Tous + nom**
  Toutes les photos sont sur le site.
- **Chacun(e) remplace un nom**
  Nous prendrons chacun des photos.
  Chacun de vous peut participer.
- **Chaque + nom**
  Chaque photo retouchée d'un mannequin doit le mentionner.
- **Quelqu'un (personne)/Quelque chose (chose)/ Quelque part (lieu)**
  On dormira quelque part.

■ LE GÉRONDIF

Le gérondif s'utilise pour exprimer :
- la simultanéité : *Il fait ses devoirs en écoutant de la musique.*
- la manière : *Ils sont partis en courant.*
- la condition : *En te dépêchant, tu ne rateras pas ton bus.*

Le gérondif est formé de « en + participe présent du verbe à partir de la personne « nous » du présent.
Écouter → nous écout-ons → écout-ant

Exceptions :
Être → étant   Avoir → ayant   Savoir → sachant

■ LES ACCORDS DU PARTICIPE PASSÉ

- **Avec « être » : accord avec le sujet du verbe.**
  Elles sont sorties.
- **Avec « avoir » : accord avec le CD, s'il est placé avant le verbe.**
  Mes amis ? Je les ai invités.
  Les fraises que j'ai achetées ne sont pas assez mûres.

Unité 3

■ LES PRONOMS POSSESSIFS

Ils remplacent un adjectif possessif + nom ou groupe nominal. Ils évitent la répétition en indiquant la possession.
Ils s'accordent avec le nom et varient selon les possesseurs.

Mes amis → les miens

	Masculin Singulier	Féminin Singulier	Masculin Pluriel	Féminin Pluriel
je	le mien	la mienne	les miens	les miennes
tu	le tien	la tienne	les tiens	les tiennes
il/elle	le sien	la sienne	les siens	les siennes
nous	le nôtre	la nôtre	les nôtres	
vous	le vôtre	la vôtre	les vôtres	
ils/elles	le leur	la leur	les leurs	

Précis grammatical

Précis grammatical

■ LE PRONOM « EN »

- Il remplace un complément introduit par la préposition « de ».
  On en parle (de nos soucis).
- Il remplace un complément qui indique une quantité indéterminée.
  J'en bois tous les matins (du café).

■ LES PRONOMS COMPLÉMENTS (SIMPLES ET DOUBLES)

Les pronoms directs (CD) et indirects (CI) remplacent un nom et évitent les répétitions.

CD	CI
me	
te	
le	
la	lui
l'	
nous	
vous	
les	leur

Paul l'optimise (son temps).   *Paul lui consacre du temps (à l'escalade).*

La place des pronoms doubles

Quand il y a deux pronoms compléments, on les place dans l'ordre suivant :

Temps simple	Tu **me le** recommandes ? Nous **leur en** parlons.
Temps composé et négation	Je ne **la leur** ai pas conseillée. Nous ne **leur en** avons pas parlé.
Verbe + infinitif	Nous voulons **le lui** demander. Tu peux **m'y** accompagner ?
Impératif	Dis-**le lui** !

■ LE SUBJONCTIF PRÉSENT

- Formation des verbes réguliers

  Le subjonctif présent se forme sur le présent de l'indicatif.

  Ex : Le verbe « parler » a le même radical à l'indicatif et au subjonctif : *que je parle, que tu parles, qu'il/elle/on parle/ que nous parlions/que vous parliez/qu'ils/elles parlent*

  Le verbe « recevoir » qui a deux radicaux différents à l'indicatif et au subjonctif se forme de la même façon.

Base du présent de l'indicatif	Base du présent du subjonctif		Présent du subjonctif
Ils/Elles REÇOIVent	REÇOIV	je	reçoive
		tu	reçoives
		il, elle, on	reçoive
		ils, elles	reçoivent
Nous RECEVons	RECEV	nous	recevions
		vous	receviez

Verbes irréguliers : être, avoir, savoir, faire, pouvoir, vouloir, aller, falloir, valoir … (voir le tableau de conjugaisons).

- On utilise le subjonctif
  - avec les verbes d'opinion à la forme négative :
  Je ne trouve pas que, je ne crois pas que …
  Je ne pense pas que ce soit possible.
  - pour exprimer des sentiments :
  Je suis content(e) que, j'ai peur que, je regrette que, je suis triste que, je suis désolé(e) que, je ne supporte pas que, cela m'étonne que, cela me fait plaisir que, cela me plaît que …
  Je suis content(e) que tu puisses venir.

  - pour exprimer l'obligation :
  Il faut que tu viennes.
  - pour exprimer le but :
  Pour que tu puisses arriver à l'heure, je te conseille de prendre ce train.
  - pour exprimer un souhait, un désir :
  J'aimerais que, je voudrais que, je désire que, je veux que, je souhaite que …
  Je voudrais que tu viennes.

Unité 4

■ LA FORME PASSIVE

Elle sert à mettre l'accent sur un événement.
Elle est formée par « être » + participe passé.
La forme passive peut s'utiliser à tous les temps.
Voix active : *Maupassant a écrit Bel-Ami en 1885.*
Voix passive : *Bel-Ami **a été écrit par** Maupassant en 1885.*
« Par » introduit le complément, s'il y en a un.

■ LES PRONOMS DÉMONSTRATIFS

Ils remplacent un adjectif démonstratif + nom ou groupe nominal. Ils évitent la répétition en désignant des objets ou des personnes.

Ils sont généralement accompagnés de « ci » ou « là » :
« ci » : proximité temporelle et spatiale
« là » : éloignement temporel et spatial
Vous voulez celui-ci ou celle-là ?
Pronom démonstratif + pronom relatif
*Ce geste c'est aussi **celui qui** permet de limiter l'utilisation du plastique.*

	masculin	féminin
singulier	celui	celle
pluriel	ceux	celles

■ LE DISCOURS INDIRECT

Il permet de rapporter les paroles de quelqu'un.
Quand on passe du discours direct ou discours indirect, il faut souvent modifier les pronoms, les adjectifs possessifs, les adverbes de temps et de lieu.
Quand le verbe qui introduit le discours indirect est au passé, les expressions de temps peuvent changer.
Si le verbe qui introduit le discours indirect est au passé il faut respecter la concordance des temps.

Discours direct	Discours indirect
J'arrive à mon école.	Elle dit qu'elle arrive à son école.
Tu m'attends ici ?	Il demande si je l'attends ici.
Prenez le train qui part demain.	Ils disent de prendre le train qui part demain.
Nous y allons. (présent)	Ils m'ont affirmé qu'ils y allaient. (imparfait)
On s'est vues hier. (passé composé)	Elles m'ont dit il y a plusieurs jours qu'elles s'étaient vues la veille. (plus-que-parfait)
Vous viendrez chez moi. (futur simple)	Il nous a demandé si on viendrait chez lui. (conditionnel présent)

Précis grammatical

■ LES ADVERBES EN -MENT

Ils expriment la manière.

- Adjectif féminin + ment

  | Lente | → | lentement | Légère | → | légèrement |
  | Douce | → | doucement | Heureuse | → | heureusement |

- Dans certains cas : + ément

  | Énorme | → | énormément | Profonde | → | profondément |

- Adjectif masculin en « i », « u », « ai », « é » + ment

  | Poli | → | poliment | Absolu | → | absolument |
  | Vrai | → | vraiment | Modéré | → | modérément |

- Adjectif masculin terminé par « ent » ou « ant »

  Patient + emment → patiemment   Constant + amment → constamment

- Quelques exceptions : gentiment, brièvement…

Unité 5

■ LE CONDITIONNEL PRÉSENT

Le conditionnel a le même radical ou base que le futur simple. Ses terminaisons sont identiques à celles de l'imparfait.

PARLER		AIS		*Je parlerais*
FINIR	+	AIS		*Je finirais*
RÉPONDRE		AIT		*Je répondrais*
		IONS		
		IEZ		
		AIENT		

Les verbes irréguliers au conditionnel sont les mêmes qu'au futur simple (avoir, être …).

■ LA CAUSE

- **parce que, car** se placent en milieu de phrase.
  Il est absent car il est malade.

- **Puisque** indique une cause connue et évidente.
  Tu n'es pas au courant puisque tu n'étais pas là.

- **Comme** est généralement placé en début de phrase. *Comme il fait beau, nous irons à la plage.*

- **En raison de, faute de, grâce à** sont suivis d'un groupe nominal.
  En raison de la grève, le vol a été annulé.

- **Faute de** exprime un manque.
  Faute de temps, il n'a pas pu préparer son examen.

- **Grâce à** indique une cause positive.
  J'ai réussi mon examen grâce à ton aide.

■ LA CONSÉQUENCE

- **Alors, par conséquent, donc, de ce fait, du coup, si bien que, c'est pourquoi** sont placés au début ou au milieu de la phrase.
  Je suis fatigué c'est pourquoi je vais me coucher.
  J'ai faim donc je vais manger quelque chose.
  Alors je suis allée chez le médecin, j'avais vraiment trop de fièvre.
  Donc on s'est dépêchés de partir pour arriver à l'ouverture.

- **Si bien que** exprime une conséquence prévisible.

Il a oublié des ingrédients si bien que la recette est ratée.
- **De ce fait** est utilisé à l'écrit.
  Le stade français a gagné le match, de ce fait, l'équipe ira en finale.
- **Du coup** est utilisé à l'oral. *J'ai attrapé froid, du coup je suis enrhumé.*

LE BUT

- **Pour / pour ne pas + infinitif / pour que + subjonctif**
  Il faut tout organiser pour que tout se passe comme prévu.
- **Afin de / afin de ne pas + infinitif et afin que + subjonctif** sont utilisés dans un registre assez formel.
  Afin de ne pas interrompre le spectacle, veuillez éteindre vos téléphones.

Unité 6

L'OPPOSITION

- **Alors que et tandis que** indiquent l'opposition et la simultanéité.
  Je suis en vacances alors que toi tu travailles.
- **Par contre** exprime une opposition forte.
  J'aime le salé, par contre je déteste le sucré.
- **Pourtant** exprime la concession (deux aspects contradictoires).
  il pleuvait, pourtant il est sorti sans parapluie.
- **Bien que + subjonctif** exprime la concession et s'utilise dans un registre plutôt formel.
  Bien que je sois fatigué, je dois terminer ce travail avant demain.
- *Malgré* exprime la concession et est suivi d'un nom ou groupe nominal
  Malgré le mauvais temps, la rencontre sportive a eu lieu.

LA NOMINALISATION

Elle consiste à transformer un verbe ou un adjectif en nom

- **Nominaliser le verbe avec des suffixes**

Verbe	Suffixe	Nom
Changer	-ment	Changement
Passer	-age	Passage
Augmenter	-tion	Augmentation
Ouvrir	-ure	Ouverture

- **Nominaliser un verbe sans suffixes**
  Dîner → le dîner

- **Nominaliser un adjectif**

Adjectif	Suffixe	Nom
Large	-eur	Largeur
Idéal	-isme	Idéalisme
Fier	-té	Fierté
Tolérant	-ance	Tolérance
Inquiet	-ude	Inquiétude
Souple	-esse	Souplesse

Conjugaison

Les auxiliaires

	Présent	Passé composé	Imparfait	Plus-que-parfait	Futur simple	Conditionnel présent	Subjonctif présent	Impératif
Être	Je suis Tu es Il/Elle est Nous sommes Vous êtes Ils/Elles sont	J'ai été Tu as été Il/Elle a été Nous avons été Vous avez été Ils/Elles ont été	J'étais Tu étais Il/Elle était Nous étions Vous étiez Ils/Elles étaient	J'avais été Tu avais été Il/Elle avait été Nous avions été Vous aviez été Ils/Elles avaient été	Je serai Tu seras Il/Elle sera Nous serons Vous serez Ils/Elles seront	Je serais Tu serais Il/Elle serait Nous serions Vous seriez Ils/Elles seraient	Que je sois Que tu sois Qu'il/elle soit Que nous soyons Que vous soyez Qu'ils/elles soient	Sois Soyons Soyez
Avoir	J'ai Tu as Il/Elle a Nous avons Vous avez Ils/Elles ont	J'ai eu Tu as eu Il/Elle a eu Nous avons eu Vous avez eu Ils/Elles ont eu	J'avais Tu avais Il/Elle avait Nous avions Vous aviez Ils/Elles avaient	J'avais eu Tu avais eu Il/Elle avait eu Nous avions eu Vous aviez eu Ils/Elles avaient eu	J'aurai Tu auras Il/Elle aura Nous aurons Vous aurez Ils/Elles auront	J'aurais Tu aurais Il/Elle aurait Nous aurions Vous auriez Ils/Elles auraient	Que j'aie Que tu aies Qu'il/elle ait Que nous ayons Que vous ayez Qu'ils/elles aient	Aie Ayons Ayez

Les verbes en -*er*

	Présent	Passé composé	Imparfait	Plus-que-parfait	Futur simple	Conditionnel présent	Subjonctif présent	Impératif
Parler	Je parle Tu parles Il/Elle parle Nous parlons Vous parlez Ils/Elles parlent	J'ai parlé Tu as parlé Il/Elle a parlé Nous avons parlé Vous avez parlé Ils/Elles ont parlé	Je parlais Tu parlais Il/Elle parlait Nous parlions Vous parliez Ils/Elles parlaient	J'avais parlé Tu avais parlé Il/Elle avait parlé Nous avions parlé Vous aviez parlé Ils/Elles avaient parlé	Je parlerai Tu parleras Il/Elle parlera Nous parlerons Vous parlerez Ils/Elles parleront	Je parlerais Tu parlerais Il/Elle parlerait Nous parlerions Vous parleriez Ils/Elles parleraient	Que je parle Que tu parles Qu'il/elle parle Que nous parlions Que vous parliez Qu'ils/elles parlent	Parle Parlons Parlez
Aller	Je vais Tu vas Il/Elle va Nous allons Vous allez Ils/Elles vont	Je suis allé(e) Tu es allé(e) Il/Elle est allé(e) Nous sommes allé(e)s Vous êtes allé(e)(s) Ils/Elles sont allé(e)s	J'allais Tu allais Il/Elle allait Nous allions Vous alliez Ils/Elles allaient	J'étais allé(e) Tu étais allé(e) Il/Elle était allé(e) Nous étions allé(e)s Vous étiez allé(e)(s) Ils/Elles étaient allé(e)s	J'irai Tu iras Il/Elle ira Nous irons Vous irez Ils/Elles iront	J'irais Tu irais Il/Elle irait Nous irions Vous iriez Ils/Elles iraient	Que j'aille Que tu ailles Qu'il/qu'elle aille Que nous allions Que vous alliez Qu'ils/qu'elles aillent	Va Allons Allez
Appeler	J'appelle Tu appelles Il/Elle appelle Nous appelons Vous appelez Ils/Elles appellent	J'ai appelé Tu as appelé Il/Elle a appelé Nous avons appelé Vous avez appelé Ils/Elles ont appelé	J'appelais Tu appelais Il/Elle appelait Nous appelions Vous appeliez Ils/Elles appelaient	J'avais appelé Tu avais appelé Il/Elle avait appelé Nous avions appelé Vous aviez appelé Ils/Elles avaient appelé	J'appellerai Tu appelleras Il/Elle appellera Nous appellerons Vous appellerez Ils/Elles appelleront	J'appellerais Tu appellerais Il/Elle appellerait Nous appellerions Vous appelleriez Ils/Elles appelleraient	Que j'appelle Que tu appelles Qu'il/elle appelle Que nous appelions Que vous appeliez Qu'ils/elles appellent	Appelle Appelons Appelez
Envoyer	J'envoie Tu envoies Il/Elle envoie Nous envoyons Vous envoyez Ils/Elles envoient	J'ai envoyé Tu as envoyé Il/Elle a envoyé Nous avons envoyé Vous avez envoyé Ils/Elles ont envoyé	J'envoyais Tu envoyais Il/Elle envoyait Nous envoyions Vous envoyiez Ils/Elles envoyaient	J'avais envoyé Tu avais envoyé Il/Elle avait envoyé Nous avions envoyé Vous aviez envoyé Ils/Elles avaient envoyé	J'enverrai Tu enverras Il/Elle enverra Nous enverrons Vous enverrez Ils/Elles enverront	J'enverrais Tu enverrais Il/Elle enverrait Nous enverrions Vous enverriez Ils/Elles enverraient	Que j'envoie Que tu envoies Qu'il/qu'elle envoie Que nous envoyions Que vous envoyiez Qu'ils/qu'elles envoient	Envoie Envoyons Envoyez
Essayer	J'essaie/essaye Tu essaies/essayes Il/Elle essaie/essaye Nous essayons Vous essayez Ils/Elles essaient/essayent	J'ai essayé Tu as essayé Il/Elle a essayé Nous avons essayé Vous avez essayé Ils/Elles ont essayé	J'essayais Tu essayais Il/Elle essayait Nous essayions Vous essayiez Ils/Elles essayaient	J'avais essayé Tu avais essayé Il/Elle avait essayé Nous avions essayé Vous aviez essayé Ils/Elles avaient essayé	J'essaierai/essayerai Tu essaieras/essayeras Il/Elle essaiera/essayera Nous essaierons/essayerons Vous essaierez/essayerez Ils/Elles essaieront/essayeront	J'essaierais/essayerais Tu essaierais/essayerais Il/Elle essaierait/essayerait Nous essaierions/essayerions Vous essaieriez/essayeriez Ils/Elles essaieraient/essayeraient	Que j'essaie/essaye Que tu essaies/essayes Qu'il/qu'elle essaie/essaye Que nous essayions Que vous essayiez Qu'ils/qu'elles essaient/essayent	Essaie/essaye Essayons Essayez

	Présent	Passé composé	Imparfait	Plus-que-parfait	Futur simple	Conditionnel présent	Subjonctif présent	Impératif
Manger	Je mange Tu manges Il/Elle mange Nous mangeons Vous mangez Ils/Elles mangent	J'ai mangé Tu as mangé Il/Elle a mangé Nous avons mangé Vous avez mangé Ils/Elles ont mangé	Je mangeais Tu mangeais Il/Elle mangeait Nous mangions Vous mangiez Ils/Elles mangeaient	J'avais mangé Tu avais mangé Il/Elle avait mangé Nous avions mangé Vous aviez mangé Ils/Elles avaient mangé	Je mangerai Tu mangeras Il/Elle mangera Nous mangerons Vous mangerez Ils/Elles mangeront	Je mangerais Tu mangerais Il/Elle mangerait Nous mangerions Vous mangeriez Ils/Elles mangeraient	Que je mange Que tu manges Qu'il/elle mange Que nous mangions Que vous mangiez Qu'ils/elles mangent	Mange Mangeons Mangez
Placer	Je place Tu places Il/Elle place Nous plaçons Vous placez Ils/Elles placent	J'ai placé Tu as placé Il/Elle a placé Nous avons placé Vous avez placé Ils/Elles ont placé	Je plaçais Tu plaçais Il/Elle plaçait Nous placions Vous placiez Ils/Elles plaçaient	J'avais placé Tu avais placé Il/Elle avait placé Nous avions placé Vous aviez placé Ils/Elles avaient placé	Je placerai Tu placeras Il/Elle placera Nous placerons Vous placerez Ils/Elles placeront	Je placerais Tu placerais Il/Elle placerait Nous placerions Vous placeriez Ils/Elles placeraient	Que je place Que tu places Qu'il/elle place Que nous placions Que vous placiez Qu'ils/elles placent	Place Paçons Placez
Préférer	Je préfère Tu préfères Il/Elle préfère Nous préférons Vous préférez Ils/Elles préfèrent	J'ai préféré Tu as préféré Il/Elle a préféré Nous avons préféré Vous avez préféré Ils/Elles ont préféré	Je préférais Tu préférais Il/Elle préférait Nous préférions Vous préfériez Ils/Elles préféraient	J'avais préféré Tu avais préféré Il/Elle avait préféré Nous avions préféré Vous aviez préféré Ils/Elles avaient préféré	Je préférerai Tu préféreras Il/Elle préférera Nous préférerons Vous préférerez Ils/Elles préféreront	Je préférerais Tu préférerais Il/Elle préférerait Nous préférerions Vous préféreriez Ils/Elles préféreraient	Que je préfère Que tu préfères Qu'il/elle préfère Que nous préférions Que vous préfériez Qu'ils/elles préfèrent	Préfère Préférons Préférez
Se promener	Je me promène Tu te promènes Il/Elle se promène Nous nous promenons Vous vous promenez Ils/Elles se promènent	Je me suis promené(e) Tu t'es promené(e) Il/Elle s'est promené(e) Nous nous sommes promené(e)s Vous vous êtes promené(e)s Ils/Elles se sont promené(e)s	Je me promenais Tu te promenais Il/Elle se promenait Nous nous promenions Vous vous promeniez Ils/Elles se promenaient	Je m'étais promené(e) Tu t'étais promené(e) Il/Elle s'était promené(e) Nous nous étions promené(e)s Vous vous étiez promené(e)s Ils/Elles s'étaient promené(e)s	Je me promènerai Tu te promèneras Il/Elle se promènera Nous nous promènerons Vous vous promènerez Ils/Elles se promèneront	Je me promènerais Tu te promènerais Il/Elle se promènerait Nous nous promènerions Vous vous promèneriez Ils/Elles se promèneraient	Que je me promène Que tu te promènes Qu'il/elle se promène Que nous nous promenions Que vous vous promeniez Qu'ils/elles se promènent	Promène-toi ! Promenons-nous! Promenez-vous !

Les verbes en -*ir*

	Présent	Passé composé	Imparfait	Plus-que-parfait	Futur simple	Conditionnel présent	Subjonctif présent	Impératif
Finir	Je finis Tu finis Il/Elle finit Nous finissons Vous finissez Ils/Elles finissent	J'ai fini Tu as fini Il/Elle a fini Nous avons fini Vous avez fini Ils/Elles ont fini	Je finissais Tu finissais Il/Elle finissait Nous finissions Vous finissiez Ils/Elles finissaient	J'avais fini Tu avais fini Il/Elle avait fini Nous avions fini Vous aviez fini Ils/Elles avaient fini	Je finirai Tu finiras Il/Elle finira Nous finirons Vous finirez Ils/Elles finiront	Je finirais Tu finirais Il/Elle finirait Nous finirions Vous finiriez Ils/Elles finiraient	Que je finisse Que tu finisses Qu'il/elle finisse Que nous finissions Que vous finissiez Qu'ils/elles finissent	Finis Finissons Finissez
Choisir	Je choisis Tu choisis Il/Elle choisit Nous choisissons Vous choisissez Ils/Elles choisissent	J'ai choisi Tu as choisi Il/Elle a choisi Nous avons choisi Vous avez choisi Ils/Elles ont choisi	Je choisissais Tu choisissais Il/Elle choisissait Nous choisissions Vous choisissiez Ils/Elles choisissaient	J'avais choisi Tu avais choisi Il/Elle avait choisi Nous avions choisi Vous aviez choisi Ils/Elles avaient choisi	Je choisirai Tu choisiras Il/Elle choisira Nous choisirons Vous choisirez Ils/Elles choisiront	Je choisirais Tu choisirais Il/Elle choisirait Nous choisirions Vous choisiriez Ils/Elles choisiraient	Que je choisisse Que tu choisisses Qu'il/elle choisisse Que nous choisissions Que vous choisissiez Qu'ils/elles choisissent	Choisis Choisissons Choisissez
Courir	Je cours Tu cours Il/Elle court Nous courons Vous courez Ils/Elles courent	J'ai couru Tu as couru Il/Elle a couru Nous avons couru Vous avez couru Ils/Elles ont couru	Je courais Tu courais Il/Elle courait Nous courions Vous couriez Ils/Elles couraient	J'avais couru Tu avais couru Il/Elle avait couru Nous avions couru Vous aviez couru Ils/Elles avaient couru	Je courrai Tu courras Il/Elle courra Nous courrons Vous courrez Ils/Elles courront	Je courrais Tu courrais Il/Elle courrait Nous courrions Vous courriez Ils/Elles courraient	Que je coure Que tu coures Qu'il/elle coure Que nous courions Que vous couriez Qu'ils/elles courent	Cours Courons Courez
Dormir	Je dors Tu dors Il/Elle dort Nous dormons Vous dormez Ils/Elles dorment	J'ai dormi Tu as dormi Il/Elle a dormi Nous avons dormi Vous avez dormi Ils/Elles ont dormi	Je dormais Tu dormais Il/Elle dormait Nous dormions Vous dormiez Ils/Elles dormaient	J'avais dormi Tu avais dormi Il/Elle avait dormi Nous avions dormi Vous aviez dormi Ils/Elles avaient dormi	Je dormirai Tu dormiras Il/Elle dormira Nous dormirons Vous dormirez Ils/Elles dormiront	Je dormirais Tu dormirais Il/Elle dormirait Nous dormirions Vous dormiriez Ils/Elles dormiraient	Que je dorme Que tu dormes Qu'il/elle dorme Que nous dormions Que vous dormiez Qu'ils/elles dorment	Dors Dormons Dormez

Conjugaison

	Présent	Passé composé	Imparfait	Plus-que-parfait	Futur simple	Conditionnel présent	Subjonctif présent	Impératif
Offrir	J'offre Tu offres Il/Elle offre Nous offrons Vous offrez Ils/Elles offrent	J'ai offert Tu as offert Il/Elle a offert Nous avons offert Vous avez offert Ils/Elles ont offert	J'offrais Tu offrais Il/Elle offrait Nous offrions Vous offriez Ils/Elles offraient	J'avais offert Tu avais offert Il/Elle avait offert Nous avions offert Vous aviez offert Ils/Elles avaient offert	J'offrirai Tu offriras Il/Elle offrira Nous offrirons Vous offrirez Ils/Elles offriront	J'offrirais Tu offrirais Il/Elle offrirait Nous offririons Vous offririez Ils/Elles offriraient	Que j'offre Que tu offres Qu'il/elle offre Que nous offrions Que vous offriez Qu'ils/elles offrent	Offre Offrons Offrez
Ouvrir	J'ouvre Tu ouvres Il/Elle ouvre Nous ouvrons Vous ouvrez Ils/Elles ouvrent	J'ai ouvert Tu as ouvert Il/Elle a ouvert Nous avons ouvert Vous avez ouvert Ils/Elles ont ouvert	J'ouvrais Tu ouvrais Il/Elle ouvrait Nous ouvrions Vous ouvriez Ils/Elles ouvraient	J'avais ouvert Tu avais ouvert Il/Elle avait ouvert Nous avions ouvert Vous aviez ouvert Ils/elles avaient ouvert	J'ouvrirai Tu ouvriras Il/Elle ouvrira Nous ouvrirons Vous ouvrirez Ils/Elles ouvriront	J'ouvrirais Tu ouvrirais Il/Elle ouvrirait Nous ouvririons Vous ouvririez Ils/Elles ouvriraient	J'ouvrirais Tu ouvrirais Il/Elle ouvrirait Nous ouvririons Vous ouvririez Ils/Elles ouvriraient	Ouvre Ouvrons Ouvrez
Partir	Je pars Tu pars Il/Elle part Nous partons Vous partez Ils/Elles partent	Je suis parti(e) Tu es parti(e) Il/Elle est parti(e) Nous sommes parti(e)s Vous êtes parti(e)s Ils/Elles sont parti(e)s	Je partais Tu partais Il/Elle partait Nous partions Vous partiez Ils/Elles partaient	J'étais parti(e) Tu étais parti(e) Il/Elle était parti(e) Nous étions parti(e)s Vous étiez parti(e)s Ils/Elles étaient parti(e)s	Je partirai Tu partiras Il/Elle partira Nous partirons Vous partirez Ils/Elles partiront	Je partirais Tu partirais Il/Elle partirait Nous partirions Vous partiriez Ils/Elles partiraient	Que je parte Que tu partes Qu'il/elle parte Que nous partions Que vous partiez Qu'ils/elles partent	Pars Partons Partez
Servir	Je sers Tu sers Il/Elle sert Nous servons Vous servez Ils/Elles servent	J'ai servi Tu as servi Il/Elle a servi Nous avons servi Vous avez servi Ils/Elles ont servi	Je servais Tu servais Il/Elle servait Nous servions Vous serviez Ils/Elles servaient	J'avais servi Tu avais servi Il/Elle avait servi Nous avions servi Vous aviez servi Ils/Elles avaient servi	Je servirai Tu serviras Il/Elle servira Nous servirons Vous servirez Ils/Elles serviront	Je servirais Tu servirais Il/Elle servirait Nous servirions Vous serviriez Ils/Elles serviraient	Que je serve Que tu serves Qu'il/elle serve Que nous servions Que vous serviez Qu'ils/elles servent	Sers Servons Servez
Sortir	Je sors Tu sors Il/Elle sort Nous sortons Vous sortez Ils/Elles sortent	Je suis sorti(e) Tu es sorti(e) Il/Elle est sorti(e) Nous sommes sorti(e)s Vous êtes sorti(e)s Ils/Elles sont sorti(e)s	Je sortais Tu sortais Il/Elle sortait Nous sortions Vous sortiez Ils/Elles sortaient	J'étais sorti(e) Tu étais sorti(e) Il/Elle était sorti(e) Nous étions sorti(e)s Vous étiez sorti(e)s Ils/Elles étaient sorti(e)s	Je sortirai Tu sortiras Il/Elle sortira Nous sortirons Vous sortirez Ils/Elles sortiront	Je sortirais Tu sortirais Il/Elle sortirait Nous sortirions Vous sortiriez Ils/Elles sortiraient	Que je sorte Que tu sortes Qu'il/elle sorte Que nous sortions Que vous sortiez Qu'ils/elles sortent	Sors Sortons Sortez
Venir	Je viens Tu viens Il/Elle vient Nous venons Vous venez Ils/Elles viennent	Je suis venu(e) Tu es venu(e) Il/Elle est venu(e) Nous sommes venu(e)s Vous êtes venu(e)s Ils/Elles sont venu(e)s	Je venais Tu venais Il/Elle venait Nous venions Vous veniez Ils/Elles venaient	J'étais venu(e) Tu étais venu(e) Il/Elle était venu(e) Nous étions venu(e)s Vous étiez venu(e)s Ils/Elles étaient venu(e)s	Je viendrai Tu viendras Il/Elle viendra Nous viendrons Vous viendrez Ils/Elles viendront	Je viendrais Tu viendrais Il/Elle viendrait Nous viendrions Vous viendriez Ils/Elles viendraient	Que je vienne Que tu viennes Qu'il/elle vienne Que nous venions Que vous veniez Qu'ils/elles viennent	Viens Venons Venez

Les verbes en *-re*

	Présent	Passé composé	Imparfait	Plus-que-parfait	Futur simple	Conditionnel présent	Subjonctif présent	Impératif
Attendre	J'attends Tu attends Il/Elle attend Nous attendons Vous attendez Ils/Elles attendent	J'ai attendu Tu as attendu Il/Elle a attendu Nous avons attendu Vous avez attendu Ils/Elles ont attendu	J'attendais Tu attendais Il/Elle attendait Nous attendions Vous attendiez Ils/Elles attendaient	J'avais attendu Tu avais attendu Il/Elle avait attendu Nous avions attendu Vous aviez attendu Ils/Elles avaient attendu	J'attendrai Tu attendras Il/Elle attendra Nous attendrons Vous attendrez Ils/Elles attendront	J'attendrais Tu attendrais Il/Elle attendrait Nous attendrions Vous attendriez Ils/Elles attendraient	Que j'attende Que tu attendes Qu'il/elle attende Que nous attendions Que vous attendiez Qu'ils/elles attendent	Attends Attendons Attendez
Connaître	Je connais Tu connais Il/Elle connaît Nous connaissons Vous connaissez Ils/Elles connaissent	J'ai connu Tu as connu Il/Elle a connu Nous avons connu Vous avez connu Ils/Elles ont connu	Je connaissais Tu connaissais Il/Elle connaissait Nous connaissions Vous connaissiez Ils/Elles connaissaient	J'avais connu Tu avais connu Il/Elle avait connu Nous avions connu Vous aviez connu Ils/Elles avaient connu	Je connaîtrai Tu connaîtras Il/Elle connaîtra Nous connaîtrons Vous connaîtrez Ils/Elles connaîtront	Je connaîtrais Tu connaîtrais Il/Elle connaîtrait Nous connaîtrions Vous connaîtriez Ils/Elles connaîtraient	Que je connaisse Que tu connaisses Qu'il/elle connaisse Que nous connaissions Que vous connaissiez Qu'ils/elles connaissent	Connais Connaissons Connaissez

	Présent	Passé composé	Imparfait	Plus-que-parfait	Futur simple	Conditionnel présent	Subjonctif présent	Impératif
Dire	Je dis Tu dis Il/Elle dit Nous disons Vous dites Ils/Elles disent	J'ai dit Tu as dit Il/Elle a dit Nous avons dit Vous avez dit Ils/Elles ont dit	Je disais Tu disais Il/Elle disait Nous disions Vous disiez Ils/Elles disaient	J'avais dit Tu avais dit Il/Elle avait dit Nous avions dit Vous aviez dit Ils/Elles avaient dit	Je dirai Tu diras Il/Elle dira Nous dirons Vous direz Ils/Elles diront	Je dirais Tu dirais Il/Elle dirait Nous dirions Vous diriez Ils/Elles diraient	Que je dise Que tu dises Qu'il/elle dise Que nous disions Que vous disiez Qu'ils/elles disent	Dis Disons Dites
Écrire	J'écris Tu écris Il/Elle écrit Nous écrivons Vous écrivez Ils/Elles écrivent	J'ai écrit Tu as écrit Il/Elle a écrit Nous avons écrit Vous avez écrit Ils/Elles ont écrit	J'écrivais Tu écrivais Il/Elle écrivait Nous écrivions Vous écriviez Ils/Elles écrivaient	J'avais écrit Tu avais écrit Il/Elle avait écrit Nous avions écrit Vous aviez écrit Ils/Elles avaient écrit	J'écrirai Tu écriras Il/Elle écrira Nous écrirons Vous écrirez Ils/Elles écriront	J'écrirais Tu écrirais Il/Elle écrirait Nous écririons Vous écririez Ils/Elles écriraient	Que j'écrive Que tu écrives Qu'il/elle écrive Que nous écrivions Que vous écriviez Qu'ils/elles écrivent	Écris Écrivons Écrivez
Faire	Je fais Tu fais Il/Elle fait Nous faisons Vous faites Ils/Elles font	J'ai fait Tu as fait Il/Elle a fait Nous avons fait Vous avez fait Ils/Elles ont fait	Je faisais Tu faisais Il/Elle faisait Nous faisions Vous faisiez Ils/Elles faisaient	J'avais fait Tu avais fait Il/Elle avait fait Nous avions fait Vous aviez fait Ils/Elles avaient fait	Je ferai Tu feras Il/Elle fera Nous ferons Vous ferez Ils/Elles feront	Je ferais Tu ferais Il/Elle ferait Nous ferions Vous feriez Ils/Elles feraient	Que je fasse Que tu fasses Qu'il/elle fasse Que nous fassions Que vous fassiez Qu'ils/elles fassent	Fais Faisons Faites
Rire	Je ris Tu ris Il/Elle rit Nous rions Vous riez Ils/Elles rient	J'ai ri Tu as ri Il/Elle a ri Nous avons ri Vous avez ri Ils/Elles ont ri	Je riais Tu riais Il/Elle riait Nous riions Vous riiez Ils/Elles riaient	J'avais ri Tu avais ri Il/Elle avait ri Nous avions ri Vous aviez ri Ils/Elles avaient ri	Je rirai Tu riras Il/Elle rira Nous rirons Vous rirez Ils/Elles riront	Je rirais Tu rirais Il/Elle rirait Nous ririons Vous ririez Ils/Elles riraient	Que je rie Que tu ries Qu'il/elle rie Que nous riions Que vous riiez Qu'ils/elles rient	Ris Rions Riez
Suivre	Je suis Tu suis Il/Elle suit Nous suivons Vous suivez Ils/Elles suivent	J'ai suivi Tu as suivi Il/Elle a suivi Nous avons suivi Vous avez suivi Ils/Elles ont suivi	Je suivais Tu suivais Il/Elle suivait Nous suivions Vous suiviez Ils/Elles suivaient	J'avais suivi Tu avais suivi Il/Elle avait suivi Nous avions suivi Vous aviez suivi Ils/Elles avaient suivi	Je suivrai Tu suivras Il/Elle suivra Nous suivrons Vous suivrez Ils/Elles suivront	Je suivrais Tu suivrais Il/Elle suivrait Nous suivrions Vous suivriez Ils/Elles suivraient	Que je suive Que tu suives Qu'il/elle suive Que nous suivions Que vous suiviez Qu'ils/elles suivent	Suis Suivons Suivez
Lire	Je lis Tu lis Il/Elle lit Nous lisons Vous lisez Ils/Elles lisent	J'ai lu Tu as lu Il/Elle a lu Nous avons lu Vous avez lu Ils/Elles ont lu	Je lisais Tu lisais Il/Elle lisait Nous lisions Vous lisiez Ils/Elles lisaient	J'avais lu Tu avais lu Il/Elle avait lu Nous avions lu Vous aviez lu Ils/Elles avaient lu	Je lirai Tu liras Il/Elle lira Nous lirons Vous lirez Ils/Elles liront	Je lirais Tu lirais Il/Elle lirait Nous lirions Vous liriez Ils/Elles liraient	Que je lise Que tu lises Qu'il/elle lise Que nous lisions Que vous lisiez Qu'ils/elles lisent	Lis Lisons Lisez
Mettre	Je mets Tu mets Il/Elle met Nous mettons Vous mettez Ils/Elles mettent	J'ai mis Tu as mis Il/Elle a mis Nous avons mis Vous avez mis Ils/Elles ont mis	Je mettais Tu mettais Il/Elle mettait Nous mettions Vous mettiez Ils/Elles mettaient	J'avais mis Tu avais mis Il/Elle avait mis Nous avions mis Vous aviez mis Ils/Elles avaient mis	Je mettrai Tu mettras Il/Elle mettra Nous mettrons Vous mettrez Ils/Elles mettront	Je mettrais Tu mettrais Il/Elle mettrait Nous mettrions Vous mettriez Ils/Elles mettraient	Que je mette Que tu mettes Qu'il/elle mette Que nous mettions Que vous mettiez Qu'ils/elles mettent	Mets Mettons Mettez
Prendre	Je prends Tu prends Il/Elle prend Nous prenons Vous prenez Ils/Elles prennent	J'ai pris Tu as pris Il/Elle a pris Nous avons pris Vous avez pris Ils/Elles ont pris	Je prenais Tu prenais Il/Elle prenait Nous prenions Vous preniez Ils/Elles prenaient	J'ai pris Tu as pris Il/Elle a pris Nous avons pris Vous avez pris Ils/Elles ont pris	Je prendrai Tu prendras Il/Elle prendra Nous prendrons Vous prendrez Ils/Elles prendront	Je prendrais Tu prendrais Il/Elle prendrait Nous prendrions Vous prendriez Ils/Elles prendraient	Que je prenne Que tu prennes Qu'il/elle prenne Que nous prenions Que vous preniez Qu'ils/elles prennent	Prends Prenons Prenez
Vivre	Je vis Tu vis Il/Elle vit Nous vivons Vous vivez Ils/Elles vivent	J'ai vécu Tu as vécu Il/Elle a vécu Nous avons vécu Vous avez vécu Ils/Elles ont vécu	Je vivais Tu vivais Il/Elle vivait Nous vivions Vous viviez Ils/Elles vivaient	J'avais vécu Tu avais vécu Il/Elle avait vécu Nous avions vécu Vous aviez vécu Ils/Elles avaient vécu	Je vivrai Tu vivras Il/Elle vivra Nous vivrons Vous vivrez Ils/Elles vivront	Je vivrais Tu vivrais Il/Elle vivrait Nous vivrions Vous vivriez Ils/Elles vivraient	Que je vive Que tu vives Qu'il/elle vive Que nous vivions Que vous viviez Qu'ils/elles vivent	Vis Vivons Vivez

Conjugaison
Les verbes en -oir/-oire

	Présent	Passé composé	Imparfait	Plus-que-parfait	Futur simple	Conditionnel présent	Subjonctif présent	Impératif
Boire	Je bois Tu bois Il/Elle boit Nous buvons Vous buvez Ils/Elles boivent	J'ai bu Tu as bu Il/Elle a bu Nous avons bu Vous avez bu Ils/Elles ont bu	Je buvais Tu buvais Il/Elle buvait Nous buvions Vous buviez Ils/Elles buvaient	J'avais bu Tu avais bu Il/Elle avait bu Nous avions bu Vous aviez bu Ils/Elles avaient bu	Je boirai Tu boiras Il/Elle boira Nous boirons Vous boirez Ils/Elles boiront	Je boirais Tu boirais Il/Elle boirait Nous boirions Vous boiriez Ils/Elles boiraient	Que je boive Que tu boives Qu'il/elle boive Que nous buvions Que vous buviez Qu'ils/elles boivent	Bois Buvons Buvez
Croire	Je crois Tu crois Il/Elle croit Nous croyons Vous croyez Ils/Elles croient	J'ai cru Tu as cru Il/Elle a cru Nous avons cru Vous avez cru Ils/Elles ont cru	Je croyais Tu croyais Il/Elle croyait Nous croyions Vous croyiez Ils/Elles croyaient	J'avais cru Tu avais cru Il/Elle avait cru Nous avions cru Vous aviez cru Ils/Elles avaient cru	Je croirai Tu croiras Il/Elle croira Nous croirons Vous croirez Ils/Elles croiront	Je croirais Tu croirais Il/Elle croirait Nous croirions Vous croiriez Ils/Elles croiraient	Que je croie Que tu croies Qu'il/elle croie Que nous croyions Que vous croyiez Qu'ils/elles croient	Crois Croyons Croyez
Devoir	Je dois Tu dois Il/Elle doit Nous devons Vous devez Ils/Elles doivent	J'ai dû Tu as dû Il/Elle a dû Nous avons dû Vous avez dû Ils/Elles ont dû	Je devais Tu devais Il/Elle devait Nous devions Vous deviez Ils/Elles devaient	J'avais dû Tu avais dû Il/Elle avait dû Nous avions dû Vous aviez dû Ils/Elles avaient dû	Je devrai Tu devras Il/Elle devra Nous devrons Vous devrez Ils/Elles devront	Je devrais Tu devrais Il/Elle devrait Nous devrions Vous devriez Ils/Elles devraient	Que je doive Que tu doives Qu'il/elle doive Que nous devions Que vous deviez Qu'ils/elles doivent	Dois Devons Devez
Falloir	Il faut	Il a fallu	Il fallait	Il avait fallu	Il faudra	Il faudrait	Qu'il faille	–
Pouvoir	Je peux Tu peux Il/Elle peut Nous pouvons Vous pouvez Ils/Elles peuvent	J'ai pu Tu as pu Il/Elle a pu Nous avons pu Vous avez pu Ils/Elles ont pu	Je pouvais Tu pouvais Il/Elle pouvait Nous pouvions Vous pouviez Ils/Elles pouvaient	J'avais pu Tu avais pu Il/Elle avait pu Nous avions pu Vous aviez pu Ils/Elles avaient pu	Je pourrai Tu pourras Il/Elle pourra Nous pourrons Vous pourrez Ils/Elles pourront	Je pourrais Tu pourrais Il/Elle pourrait Nous pourrions Vous pourriez Ils/Elles pourraient	Que je puisse Que tu puisses Qu'il/elle puisse Que nous puissions Que vous puissiez Qu'ils/elles puissent	–
Recevoir	Je reçois Tu reçois Il/Elle reçoit Nous recevons Vous recevez Ils/Elles reçoivent	J'ai reçu Tu as reçu Il/Elle a reçu Nous avons reçu Vous avez reçu Ils/Elles ont reçu	Je recevais Tu recevais Il/Elle recevait Nous recevions Vous receviez Ils/Elles recevaient	J'avais reçu Tu avais reçu Il/Elle avait reçu Nous avions reçu Vous aviez reçu Ils/Elles avaient reçu	Je recevrai Tu recevras Il/Elle recevra Nous recevrons Vous recevrez Ils/Elles recevront	Je recevrais Tu recevrais Il/Elle recevrait Nous recevrions Vous recevriez Ils/Elles recevraient	Que je reçoive Que tu reçoives Qu'il/elle reçoive Que nous recevions Que vous receviez Qu'ils/elles reçoivent	Reçois Recevons Recevez
Savoir	Je sais Tu sais Il/Elle sait Nous savons Vous savez Ils/Elles savent	J'ai su Tu as su Il/Elle a su Nous avons su Vous avez su Ils/Elles ont su	Je savais Tu savais Il/Elle savait Nous savions Vous saviez Ils/Elles savaient	J'avais su Tu avais su Il/Elle avait su Nous avions su Vous aviez su Ils/Elles avaient su	Je saurai Tu sauras Il/Elle saura Nous saurons Vous saurez Ils/Elles sauront	Je saurais Tu saurais Il/Elle saurait Nous saurions Vous sauriez Ils/Elles sauraient	Que je sache Que tu saches Qu'il/elle sache Que nous sachions Que vous sachiez Qu'ils/elles sachent	Sache Sachons Sachez
Valoir	Je vaux Tu vaux Il/Elle vaut Nous valons Vous valez Ils/Elles valent	J'ai valu Tu as valu Il/Elle a valu Nous avons valu Vous avez valu Ils/Elles ont valu	Je valais Tu valais Il/Elle valait Nous valions Vous valiez Ils/Elles valaient	J'avais valu Tu avais valu Il/Elle avait valu Nous avions valu Vous aviez valu Ils/Elles avaient valu	Je vaudrai Tu vaudras Il/Elle vaudra Nous vaudrons Vous vaudrez Ils/Elles vaudront	Je vaudrais Tu vaudrais Il/Elle vaudrait Nous vaudrions Vous vaudriez Ils/elles vaudraient	Que je vaille Que tu vailles Qu'il/elle vaille Que nous valions Que vous valiez Qu'ils/elles vaillent	Vaux Valons Valez
Voir	Je vois Tu vois Il/Elle voit Nous voyons Vous voyez Ils/Elles voient	J'ai vu Tu as vu Il/Elle a vu Nous avons vu Vous avez vu Ils/Elles ont vu	Je voyais Tu voyais Il/Elle voyait Nous voyions Vous voyiez Ils/Elles voyaient	J'avais vu Tu avais vu Il/Elle avait vu Nous avions vu Vous aviez vu Ils/Elles avaient vu	Je verrai Tu verras Il/Elle verra Nous verrons Vous verrez Ils/Elles verront	Je verrais Tu verrais Il/Elle verrait Nous verrions Vous verriez Ils/Elles verraient	Que je voie Que tu voies Qu'il/elle voie Que nous voyions Que vous voyiez Qu'ils/elles voient	Vois Voyons Voyez
Vouloir	Je veux Tu veux Il/Elle veut Nous voulons Vous voulez Ils/Elles veulent	J'ai voulu Tu as voulu Il/Elle a voulu Nous avons voulu Vous avez voulu Ils/Elles ont voulu	Je voulais Tu voulais Il/Elle voulait Nous voulions Vous vouliez Ils/Elles voulaient	J'avais voulu Tu avais voulu Il/Elle avait voulu Nous avions voulu Vous aviez voulu Ils/Elles avaient voulu	Je voudrai Tu voudras Il/Elle voudra Nous voudrons Vous voudrez Ils/Elles voudront	Je voudrais Tu voudrais Il/Elle voudrait Nous voudrions Vous voudriez Ils/Elles voudraient	Que je veuille Que tu veuilles Qu'il/elle veuille Que nous voulions Que vous vouliez Qu'ils/elles veuillent	Veux/veuille Voulons Voulez/veuillez

Lexique

Unité 1

adorable
agacer
âme sœur, une
barbe, une
bavard(e)
béret, un
boîte de nuit, une
bordélique
câlin(e)
châle, un
charmeur(euse)
chauve
curieux(euse)
dangereux(euse)
dispute, une
détendu(e)
écrivain(e), un(e)
énervé(e)
épais(se)
étourdi(e)
extraverti(e)
fin(e)
foulard, un
gourmand(e)
haine, la
hautain(e)
honnête
impressionner
méchant(e)
montrer
moustache, une
palette de peinture, une
paresseux(euse)
peintre, un
prévoyant(e)
réseaux sociaux, des
réussir
s'entendre avec quelqu'un
sage
se moquer de
se soucier de
selfie, un
soutenir
surnom, un
tableau, un

Unité 2

ado, un(e)
blouson, un
bonnet, un
bottines, des
briser
ceinture, une
clichés, les
couteau, un
cyberharcèlement, le
débardeur à bretelles, un
déçu(e)
discriminations, des
dispute, une
écharpe, une
écouteurs sans fils, des
étiquettes, des
fourchette, une
fringues, des
gants, des
gilet, un
godasses, des
harcèlement, le
humiliant(e)
imperméable, un
indélébile
influenceurs(euses), les
injures, des
intimidations, des
lunettes de soleil, des
luxueux(euse)
maillot de bain, un
mannequin, un
médicaments, des
mériter
moqueries, des
néfaste
photos manipulées, des
préjugés, les
protéger
quitter
rendre esclave
repérer
retouches, les
rêve, un
seconde main, la
s'éloigner
s'empêcher de
santé mentale, la
sidéré(e)
simpliste
style vestimentaire, un
tennis, des
tenue, une
tomber amoureux
trompeur
un coup de foudre, un
vraisemblable

Unité 3

agenda, un
aider
approfondir
calendrier, un
catastrophique
compet, une
cool
détente, la
écran, un
enquête policière, une
épisode, un
être choqué(e)
filer
haletant(e)
montre, une
partager
pièce de théâtre, une
poignant(e)
portable, un
procès, un
prometteur(euse)
quadragénaire, un(e)
quartier de banlieue, un
rater
recommander
réveil, un
roman, un
s'épanouir
saison, une
santé, la
scénario, un
sourire, un
séries, des
talentueux (euse)
truc, un
valise, une

Lexique

Unité 4

aînés, les
bâtiment, un
billes, les
collectionneur(euse)
croiser quelqu'un
dons, des
emploi, un
enfance, une
être accro à
exclu(e)
faire de la couture
femme au foyer, une
imprudent(e)
industrie, une
invincible
jeunesse, une
logement, un
lutter
machine à laver, une
muet(te)
obsolesence programmée, une
passant(e), un(e)
poupée, une
se mettre d'accord
se rendre compte
sèche-cheveux, un
tomber en panne
ventes, les
vulnérable

Unité 5

à l'endroit
à l'envers
angoissé(e)
blessé(e)
boulot, un
cage, une
cauchemar, un
coin, un
courageux(euse)
dépression, la
échec, un
économiser
être amoureux de quelqu'un
être énervé(e)
être épuisé(e)
être frustré(e)
faire face à quelque chose
faire un compliment
fidélité, la
gérer
grossier(ère)
harmonie, la
joie, la
marque, une
mensonge, un
pote, un
prisonniers, les
regretter
s'isoler
se fâcher
se mettre dans la peau de quelqu'un
soigner
tatouage, un
tatoueur, un
tristesse

Unité 6

acheter d'occasion
acheter en vrac
addictions, les
avantage, un
avis, les
bande annonce, la
bénévole
chantiers, les
compost, le
couche d'ozone, la
coûteux(euse)
décharges, les
déchets, les
défi, un
démuni(e)
écologistes, les
emballages, les
empreinte carbone, l'
emprunter
encourager
énergies nucléaires, les
énergies renouvelables, les
enquêtes, les
entreprise, une
éponge, une
épuisement des ressources, l'
être prêt(e) à
gaspillage, le
gaz à effet de serre, les
gestes, les
inconvénient, un
jeter ses déchets
lycéen(ne), un(e)
maraudes, les
matières premières, les
mettre en œuvre
militant(e), un(e)
nuire à
œuvres d'art, les
panneaux solaires, les
polluant(e)
pollution, la
prêter
produits jetables, les
réagir
réchauffement climatique, le
recycler
résidus, les
s'investir
sdf, un
se porter volontaire
se salir
sensibiliser
solidarité, la
soutien, un
surconsommation, la
trier ses déchets
troc, le
urgence climatique, une
usine, une
zéro déchet, le

Transcriptions

Unité 1

LEÇON 1

 Page 11, activité 3

Je m'appelle Aliou Diallo j'ai 25 ans, je suis d'origine guinéenne et je vis en Espagne depuis 12 ans.
Je suis sociable, engagé, mélomane, cinéphile et je suis aussi assez têtu.
J'aime lire, j'aime écouter de la musique, j'aime voir de bons films, j'aime passer du temps à discuter sur la politique ou sur la vie ou sur des banalités. J'aime être en contact avec la nature, j'aime circuler dans la ville en vélo, j'aime aussi avoir du temps pour passer en famille avec mes amis et d'ailleurs j'adore, j'adore danser.
J'aime pas la violence, j'aime pas trop l'hiver, j'aime pas les olives et j'aime pas du tout le fromage qui a un goût fort.

LEÇON 2

 Page 12, activité 1

C'est moi, une fille simple, qui n'aime pas faire d'histoires. Je suis blonde et je mesure environ un mètre quatre-vingts. Je peux être soit aimable et avoir envie de rigoler, soit désagréable, antipathique, tout dépend des personnes avec qui je suis. Dans ma façon de m'habiller, je ne cherche pas à impressionner et je ne me soucie pas du regard des gens. Je suis assez ouverte avec les gens que je connais, par contre, je suis plutôt timide avec ceux que je ne connais pas. Je laisse les gens venir me parler, je n'aime pas trop aller vers les autres. En fait, il y a des gens qui disent que je suis hautaine et fière mais c'est parce qu'ils ne me connaissent pas assez … Si j'étais un lieu, je serais Londres, parce que c'est une très belle ville et beaucoup d'écrivains y ont vécu. Si j'étais un personnage de la littérature, je serais Jane Eyre, parce qu'elle est très courageuse et déterminée comme moi. Si j'étais un animal, je serais un chat, parce que c'est un bel animal, qu'il est sage, ce que je ne suis pas …

LEÇON 3

 Page 14, activité 1

Lola : Anna, quelle est ta qualité principale ?
Anna : La qualité …. Je ne sais pas … on me dit que je suis patiente.
Lola : Pourquoi ? Tu peux donner un exemple ?
Anna : Par exemple, si je dois faire la queue dans un magasin, je reste calme et j'attends. Je ne comprends pas les gens qui s'énervent. À la maison, je suis patiente avec mon petit frère, il est très nerveux et il n'arrête pas de m'embêter.
Lola : Et quel est ton principal défaut ?
Anna : Mes parents disent que je suis paresseuse. Mais moi, je pense que c'est simplement que j'ai du mal à me mettre au travail quand c'est quelque chose qui ne me plaît pas trop. Je fais tout au dernier moment.
Lola : Qu'est-ce qui te fait pleurer et rire ?
Anna : Je pleure facilement quand je regarde des films ou quand je lis des livres. Mon frère se moque de moi mais je suis comme ça. Ce qui me fait rire, c'est les blagues de ma copine Nora. Elle en raconte toujours et elle est très douée pour faire rire les gens. J'ai beaucoup pleuré quand mon chien est mort l'année dernière. C'était horrible.

LEÇON 4

J'ARTICULE

 Page 17, activité 3

Ce
Ce que
Ce que je
Ce que je te
Ce que je te dis
Ce que je te dis est
Ce que je te dis est important

Les
Les clés
Les clés que
Les clés que mes
Les clés que mes amis
Les clés que mes amis te
Les clés que mes amis te donnent

PROJET

 Page 19, activité 2

Bonjour c'est Claudia. Aujourd'hui, je vais vous parler de ce que j'aime et de ce que je n'aime pas.
J'aime prendre un café très très chaud. Merci. M'habiller avec les gros pulls de mon père.
M'enrouler dans une grande couverture sur le canapé, et me plonger dans un bon livre.
Cuisiner. Aujourd'hui on va cuisiner un gâteau. J'aime Lola. J'aime les nombres primaires, surtout le 3 parce que c'est mon nombre préféré. 1,2,3. Regarder les nuages dans le ciel. Ma meilleure amie Carla. L'odeur de la nature dans la forêt.
Je n'aime pas. Les cheveux dans la douche. Le bruit que font certaines personnes quand elles mangent. Le vernis à ongles de mauvaise qualité qui s'écaille très rapidement.

Transcriptions

Je ne supporte pas les enfants qui ne se comportent pas bien dans la rue. Quand je dors avec mes chaussettes et que je les perds dans le lit pendant la nuit. Bonjour ! Je n'aime pas le reggaeton, Noël, le bruit de la machine à laver. Quand je parle et personne ne m'écoute. Carla est-ce que tu sais ce que m'a raconté Martine hier ? Carla est-ce que tu m'écoutes ? Oui ? Réponds ! Oui, oui, quoi ? Non, oh ! C'est tout ! Maintenant vous savez ce que vous pouvez faire si vous voulez m'embêter, mais j'espère que vous ne le ferez pas ! Au revoir !

BILAN

 Page 21, activité 2

Je m'appelle Béné et j'ai 50 ans. J'ai ce qu'on appelle une famille recomposée. C'est-à-dire que je suis divorcée de mon premier mari depuis 10 ans. Nous avons eu 3 enfants, Thibault, Laurence et Baptiste qui, à l'exception de Baptiste, le plus jeune, n'habitent plus à la maison car ils sont devenus indépendants après leurs études. Au moment du divorce, j'avoue que ça a été très difficile pour moi car tout ce que j'avais construit personnellement s'est écroulé. En fait, mon mari m'avait quittée pour une autre femme et j'ai eu beaucoup de mal à surmonter cette séparation sans que les enfants en souffrent et perçoivent nos désaccords. Quelques années plus tard, j'ai rencontré Martin avec qui je suis en couple maintenant, même si bon, on n'est pas mariés, et lui aussi avait 2 enfants qui habitent avec nous et avec mon fils, Baptiste. Je peux dire que j'ai rencontré mon âme sœur. On s'entend très bien, il est drôle, compréhensif, on partage beaucoup de choses …
En fait, je peux dire que j'ai eu deux vies différentes, deux vies sentimentales très différentes et je me rends compte à présent que mon identité, qui était liée au départ à mon premier mari, a évolué avec cette famille recomposée. En fait, j'avais une vie traditionnelle, mon identité était associée à celle de mon premier mari, car je travaillais dans son entreprise, on avait le même cercle d'amis, je dirais presque que mon identité dépendait en grande partie de lui. Ça, je m'en rends compte maintenant car évidemment à l'époque je n'en étais pas consciente du tout. Maintenant, j'ai remis en question certaines parties de mon identité, je suis indépendante de mon compagnon au niveau boulot et aussi au niveau personnel. En effet, je me sens plus libre parce que j'ai compris des choses sur moi-même.
Bref, cette première séparation a été très douloureuse mais tout compte fait, elle m'a permis d'évoluer personnellement et d'être moi-même.
Je pense que finalement, dans la vie, chacun doit préserver son identité, il ne faut jamais arrêter de faire ce qu'on aime, ne pas oublier qui on est et surtout exploiter ce qui nous rend unique.

Unité 2

LEÇON 1

J'ARTICULE

 page 25, activité 2

C'est
C'est une
C'est une musique
C'est une musique qui
C'est une musique qui nous
C'est une musique qui nous a émus

Louis
Louis et
Louis et Louise
Louis et Louise ont
Louis et Louise ont bu
Louis et Louise ont bu un
Louis et Louise ont bu un jus

 page 25, activité 3

Roland :
L'autre jour en revenant du travail, dans la rue, j'ai cru reconnaître mon fils de seize ans ; j'ai vu en effet qu'il marchait, de dos, habillé d'une casquette avec un sweat-shirt et des chaussures de sport. Eh ben … la personne que j'ai vue, c'était pas lui.
Naturellement, fallait bien que ça arrive, parce que … il s'habille comme tout le monde, en fait, comme tous les gamins de son âge. Il y a encore deux ou trois ans, quand il avait treize-quatorze ans, c'est nous qui faisions les courses avec lui ; sa mère et moi on l'emmenait dans les magasins, on lui choisissait des habits et c'était pas compliqué. En fait, il acceptait ce qu'on lui proposait et c'était … tout allait bien. Depuis quelque temps, euh… il veut des habits particuliers, en général ce sont des marques connues, à tel point que sa mère et moi on a décidé de lui donner de l'argent pour qu'il fasse les courses lui-même, et c'est ce qu'il fait. Mais qu'est-ce qu'il achète ? Des casquettes, des sweat-shirts et des chaussures de sport alors que … il est pas capable de courir plus de dix mètres ou alors il s'essouffle tout de suite, il est assez feignant, on peut le dire.
Eh bien maintenant, lui et les copains qu'on voit passer le week-end à la maison quand il a fini ses devoirs, quand il les fait, eh ben ils sont tous habillés pareil. On dirait une seule et même personne.

Ce qui nous surprend, avec sa mère, euh … c'est que c'est un enfant créatif, finalement, il a des idées assez originales, faut dire que là, euh … au lycée il s'est inscrit aux arts appliqués et, bon, il est capable d'avoir des idées originales. Mais paradoxalement, eh ben, il s'habille comme tout le monde, et ça, on a essayé de lui expliquer, mais il dit que ce serait ridicule de mettre les habits qu'on lui choisit nous, et il préfère acheter des marques assez chères, et ça c'est assez désolant. À mon époque, j'ai jamais connu ça.

Caroline :
Ce week-end j'ai eu une dispute avec ma fille à propos d'un vêtement. On doit aller aux noces d'or de ses grands-parents et elle a donc besoin d'une robe assez habillée. Je lui ai proposé d'aller avec elle acheter cette robe, mais elle a refusé. Elle a donc décidé d'y aller avec ses copines, de faire les boutiques avec elles. Quand elle est rentrée et que j'ai vu ce qu'elle avait acheté, j'ai explosé. Elle a acheté une robe qui n'est pas du tout son style, et qui en plus ne lui va pas du tout. Avec cette robe elle peut aller à la plage mais pas aux noces d'or de ses grands-parents ! D'ailleurs, quand je l'ai vue essayer sa robe je n'ai pas pu m'empêcher de dire ce que j'en pensais. Et là, la dispute a éclaté. C'est insupportable, ça se termine toujours comme ça. Le résultat ? Elle refuse d'aller à ce repas familial sans cette robe. J'ai eu beau lui dire qu'elle était habillée comme un sac, que cette robe ne lui allait pas, il n'y a pas eu moyen de la faire changer d'avis …

LEÇON 2

📼 page 26, activité 1

Regardons cette image quelques secondes. De qui s'agit-il ? Un Mexicain. Pourquoi le reconnaît-on ? Grâce à un réflexe. Le réflexe, c'est le stéréotype, un mécanisme de survie, une fonction sociale très utile pour distinguer rapidement son groupe d'appartenance. Un seul accessoire suffit, ici, son chapeau. Le stéréotype se construit par opposition à l'autre, son genre, son appartenance ethnique et tout autre critère discriminant comme l'âge ou la nationalité. Personne n'est à l'abri. La preuve, vous vous êtes pris au jeu. il est difficile de s'en défaire. Les médias dans tous leurs mécanismes de simplification les produisent et les reproduisent. Le stéréotype est conformiste et tenace. Il fait coller l'autre à une norme, le fait entrer dans un moule uniforme où la singularité de chacun s'efface dans la masse. C'est réducteur. Il peut passer du stade bénin au discours de haine, au harcèlement, à l'appel à la violence. Les moyens ? L'insulte, la moquerie et la caricature. L'effet multiplicateur des médias sociaux en amplifie le volume, ça devient viral, ce que montrent les bandes d'eux-mêmes. Aucun groupe ou aucune nationalité n'est épargnée, soit en bien soit en mal, les Japonais sont travailleurs, les Écossais sont radins. Le stéréotype, c'est la paresse mentale du prêt-à-penser ordinaire au risque d'amplifier les phénomènes communautaires. Prenons l'exemple de ce président ….qui attribue à tous les … les pires intentions et fait construire un mur sur leurs frontières communes. Il agite la menace du mouton noir pour alimenter des peurs culturelles et conduire à l'exclusion. Mais les médias peuvent aussi participer à la lutte contre les stéréotypes. Par exemple, on accuse souvent les jeux vidéo de forcer le trait en exagérant les caractères physiques des héroïnes et des héros. Ni les hommes ni les femmes ne sont épargnés mais ne tombons pas dans ce stéréotype-là. Certains jeux vidéo proposent des personnages libérés des exagérations du genre et échappent aux oppositions entre les sexes. Regardons à nouveau cette image, il peut aussi s'agir de la fameuse artiste mexicaine Frida Kahlo. Le stéréotype résiste mal à l'analyse car il est faux ou mal fondé et la réalité est encore plus forte que la fiction. Ne rien laisser passer, c'est changer les regards, le nôtre, celui des médias. Signalons les dérapages et faisons preuve d'empathie. Ayez les bons réflexes, prenez de l'air !

page 27, activité 6

Le cyberharcèlement se distingue du harcèlement par son anonymat, son immédiateté, son ampleur exceptionnelle et laisse des traces numériques sur une longue durée. Moqueries, injures, rumeurs, photos humiliantes se propagent sur les réseaux sociaux, par mail ou encore sms. Aujourd'hui, un élève sur 5 est confronté à la cyberviolence. Même s'il n'y a pas de face à face dans le cyberharcèlement, personne n'est anonyme sur Internet.

LEÇON 3

📼 page 29, activité 4

Oui, cette vidéo est impressionnante et cette soi-disant drogue qui rend zombie, ça fait peur …mais c'est faux. La vidéo a été diffusée par un compte Facebook brésilien. Ça ne vient pas d'un média traditionnel, comme un quotidien reconnu ou une chaîne de télé. Il n'y a pas beaucoup d'infos qui accompagnent ces images. juste un texte qui dit que la drogue rend cannibale. On ne sait pas de quand date la vidéo, on ne sait pas grand-chose et c'est louche, et pourtant, cette vidéo a été partagée des centaines de milliers de fois sur Facebook. Pourquoi les fake news ont tellement de succès ? Et qu'est-ce qu'on peut faire pour les repérer ? Alors, elles marchent parce qu'elles s'appuient sur une part d'éléments vrais. Par exemple, ici, la soi-disant drogue du zombie, à l'origine, elle existe. Elle s'appelle la « flakka » ou la « cloud nine ». C'est une molécule qui a été synthétisée dans les années 60, elle est très toxique, elle

Transcriptions

peut rendre paranoïaque ou dépressif, mais rien ne prouve qu'elle rende cannibale. Ça marche aussi parce que les fake news se basent sur ce qu'on aimerait croire. Elles confortent nos envies, nos peurs, nos opinions. Par exemple, les zombies, c'est une peur ancestrale. On la retrouve partout : dans les films d'horreur, dans les séries comme « Walking Dead » ou dans les jeux vidéo. Et la drogue, c'est un grave problème de société. Le mélange des deux est explosif. Et puis aujourd'hui avec les nouvelles technologies, les fake news se propagent très vite. C'est simple et pas cher de les faire circuler facilement, et c'est simple de les faire circuler rapidement au sein de communautés. Au final, est-ce que je vais vraiment me méfier de ce que partage ma meilleure amie ou mon cousin ?

LEÇON 4

 page 30, activité 1

Nous deux

Nous deux nous tenant par la main
Nous nous croyons partout chez nous
Sous l'arbre doux sous le ciel noir
Sous tous les toits au coin du feu
Dans la rue vide en plein soleil
Dans les yeux vagues de la foule
Auprès des sages et des fous
Parmi les enfants et les grands
L'amour n'a rien de mystérieux
Nous sommes l'évidence même
Les amoureux se croient chez nous.
Paul Éluard

BILAN

 page 35, activité 2

Un après-midi Cindy était devant la télé à zapper un peu bêtement.
Chaîne 342 « TV Vroom Vroom » spécialisée dans l'automobile, un débat sur les moteurs diesel, que des hommes en plateau. Zap ! Chaîne 343, télé ménagère, la chaîne des familles, une émission sur les tétines, que des femmes. Zap ! La chaîne du rap, des blacks et rien d'autre. Et pourquoi sur télé pétanque le présentateur avait un accent marseillais ? Sur les autres chaînes, pas d'accent ! Et puis Cindy est descendue dans la rue. Elle a aperçu sa cousine dans son nouveau coupé sport. Elle adore les bagnoles. Elle a croisé des pères qui tenaient des poussettes. Et même un black qui jouait à la pétanque avec ses copains. Et là, elle s'est dit « pourquoi ce décalage ? ». Cindy venait de découvrir les stéréotypes dans les médias.

C'est quoi les stéréotypes ? Ce sont des images toutes faites, des associations paresseuses bien souvent reprises et renforcées par les médias. Il n'y aurait que les hommes pour s'intéresser aux voitures. Les stéréotypes reposent sur de vieux modèles qui ont parfois la vie dure. Et oui, c'est vrai, ce sont encore largement les femmes qui s'occupent des tâches ménagères mais faut-il renforcer cette inégalité en estimant que les sujets qui relèvent de la maison ne concernent qu'elles ? Alors, Cindy a proposé une chose aux copains du collège. Une chaîne Tontube qui inverserait les stéréotypes. Sitôt dit, sitôt fait, Ils ont lancé « moins moche la vie ». Kamel tenait la rubrique « beauté », Fama celle des jeux vidéo, Léonard donnait les bons plans shopping et Cindy s'était réservé l'émission sur le foot. Elle est fan, pour de vrai. Au début, Romain trouvait ça ridicule jusqu'à ce que Fama l'écrase à la console de jeux. C'est ça, lutter contre les stéréotypes dans les médias, changer les images pour changer les mentalités. Mais les changer vraiment. Désormais les émissions de sport à la télé ont presque toutes une femme dans leur équipe mais si c'est juste pour faire sexy, ça ne sert à rien.

Unité 3

LEÇON 1

 page 38, activité 2

Il existe entre 5000 et 7000 langues dans le monde. Le français est parlé par 274 millions de personnes réparties sur les 5 continents. Elle est la 5ème langue la plus parlée au monde. Les francophones ont en commun cette langue, mais ils se distinguent par leur mode de vie, leur environnement naturel, leurs coutumes, leur religion et les autres langues qu'ils parlent. La langue française est alors cet outil partagé qui nous permet de nous connaître, de découvrir la culture de l'autre et l'incroyable diversité culturelle et linguistique de la francophonie. Maîtriser la langue française nous permet non seulement de participer à la vie sociale, culturelle et politique sur un territoire francophone, mais aussi d'échanger avec des personnes à l'autre bout du monde et d'avoir accès à des contenus culturels venant de tous les continents.

– Allô, ça va bien ?
– Salam ça va, tu as quelques minutes ?
– Bah, oui, ça serait le fun, si t'es pas là pour me chanter la pomme !
– Chanter la quoi ?
– Me séduire ... Je te niaise...
– C'est drôle comme expression !
– Tu m'as marché sur la langue, Samir. J'ai vu ce qui s'est

passé dans ton pays, ça me donne vraiment envie de venir chez toi.
– Tu voudrais pas plutôt venir en Suisse ou bien ?
– Et ça palabre, ça palabre.
– Palabrer ?
– Trop parler, jaser comme vous dites.

La langue française est plurielle, sujette à des évolutions, à l'apparition de nouveaux mots, de métissages et d'expressions qui la rendent vivante. La francophonie est une réalité linguistique, un atout pour les échanges interculturels dont l'avenir n'a de sens que si la langue française dialogue harmonieusement avec toutes les langues. La langue française appartient à tous ceux qui la parlent.

LEÇON 2

 page 41, activité 5

– Sacha, quel est ton passe-temps ?
– Je regarde Twitch, en particulier des gamers, ce sont des joueurs de jeux vidéo. Ils jouent en direct, et expliquent leurs parties, leurs difficultés, leurs astuces… J'adore regarder les meilleurs jouer sur Fortnite ou Minecraft. Je les encourage ou je commente leur partie. Je suis aussi abonné à des chaînes de gamers.
– Et combien de temps tu consacres à regarder ces jeux ?
– C'est difficile à dire… ça dépend des jours.
– Aujourd'hui, par exemple ?
– Euh, aujourd'hui je suis en vacances et j'ai dû y passer à peu près 6 ou 8 heures. Cette nuit, il y avait une partie de Fortnite que je ne pouvais pas rater avec un gamer américain qui a passé une étape difficile du jeu. Je me suis couché vers 4 heures du matin pour pouvoir voir le direct. Et ce soir, je voudrais voir un gamer auquel je suis abonné, il nous a promis que sa partie de Minecraft serait très palpitante.
– Oui et un jour de semaine, si tu n'es pas en vacances ?
– Ça dépend, ça dépend de mon emploi du temps, mais par exemple, quand je finis à 15h30 je joue à peu près 3, 4 heures. Si je finis à midi, donc à 12h, je joue environ 8 heures dans la journée.

 page 41, activité 8

Calendrier-sablier-horloge-agenda-réveil-chronomètre-minuteur-montre-emploi du temps-pendule

LEÇON 3

 page 42, activité 1

Parmi les films en français projetés au TIFF plusieurs le sont en première mondiale, dont *Vikings* du réalisateur québécois Stéphane Lafleur et *La gravité* du franco-burkinabé Cédric Ido, l'histoire d'un quartier de banlieue dont l'équilibre sera bousculé par un événement cosmique. « Justement j'osais pas espérer que Toronto le prenne, parce que pour moi c'était vraiment le festival qu'il fallait à ce film, en fait. C'est un festival où les gens viennent vraiment voir les films ».
Le Français Christian Carion, lui, est venu présenter son film *Une belle course* qui met en scène les acteurs Dany Boon et Line Renaud traversant les rues de Paris en taxi. Cette première projection devant un public nord-américain, principalement anglophone angoissait un peu le réalisateur mais il se réjouit d'avoir cette tribune.
« La culture c'est la langue, donc, que les films circulent dans leur langue maternelle, c'est très important ».
Les films de France sont ainsi nombreux à s'être taillé une place dans la programmation du TIFF cette année. On compte près d'une cinquantaine de productions ou co-productions françaises selon l'organisme de promotion UniFrance.
« Par rapport au nombre de films, c'est un record, donc on est extrêmement bien représentés et les artistes se sont beaucoup déplacés, donc viennent nombreux pour être là, présents avec leur film parce que c'est vraiment important ».
Parmi les quelques productions canadiennes en français, il y a le film *Rosie*, un projet à part puisqu'il s'agit en réalité d'un film bilingue. Il raconte l'histoire d'une orpheline autochtone forcée d'aller vivre avec sa tante francophone qu'elle ne connait pas, jouée par Mélanie Bray.
L'actrice montréalaise regrette qu'on ne voie pas justement plus de ces films bilingues au Canada. « C'est bizarre parce qu'on est tous dans le même pays mais on vit vraiment dans deux mondes différents, on dirait les anglophones et les francophones, souvent. »
Mais les festivals comme celui-ci, dit-elle, servent aussi à espérer ce genre de projet.

 page 42, activité 3

– C'est le retour du psy le plus célèbre de France, le docteur Dayan, héros de la série *En thérapie* revient sur Arte pour une saison 2, la diffusion à la télévision débute la semaine prochaine mais tous les épisodes sont déjà en ligne. *En thérapie* est dans votre capture d'écran, Dorothée Barba, alors ça donne quoi ?
– Eh bien c'est toujours aussi réussi ! Ouf, j'aurais été tellement déçue de ne pas aimer autant la deuxième saison que la première.
– *Entrez, je vous en prie.*
– *Avec le trafic j'ai mis une heure pour venir jusqu'ici.*
– *Certains mettent des années à venir jusqu'ici.*
– Il faut prendre la mesure de la prouesse que représente la popularité de cette série car le dispositif est sobre c'est le moins qu'on puisse dire, 35 épisodes de 20 minutes 1 épisode 1 consultation sauf rares exceptions, on voit juste

Transcriptions

deux personnes qui se parlent face à face dans un cabinet de psy et pourtant on est embarqué, touché, bousculé, fasciné, ça n'est jamais au grand jamais ennuyeux.

....

– *Tu sais que les enfants qui viennent me voir, même les plus jeunes que toi quand ils se mettent à me parler librement de tout ce qui leur passe par la tête ça leur permet petit à petit de mettre de l'ordre dans leurs pensées et en mettant de l'ordre ils gagnent une chose en plus.*
– *Genre quoi ? Un super pouvoir ?*
– *Oui, en quelque sorte. Ça serait quoi toi, ton super pouvoir si tu en avais un ?*
– Et vous n'entendrez pas la réponse car ce serait un indice. Chaque première consultation est aussi haletante qu'une enquête qui s'étoffe au fil des semaines. On cherche à comprendre quel chagrin, quelle question, quelle peur les conduisent tous et toutes chez le psy, c'est un thriller sans course-poursuite finalement mais non sans intensité. Alors ce qui ajoute de l'intérêt bien sûr c'est que chacun d'entre nous devant son écran peut trouver des échos avec sa propre vie, ses propres choix, ses propres doutes.

LEÇON 4

 page 44, activité 1

Adèle : Salut Paul. Je voudrais passer le week-end prochain au parc de la Mauricie. Tu seras là ?
Paul : Non, il faut que je reste à Montréal pour une compet de basket.
Adèle : Dommage. Il y aura quelqu'un au chalet ?
Paul : Non, il n'y aura personne mais ma mère ne veut pas qu'on y dorme si elle n'est pas là.
Adèle : Écoute, il faut absolument que tu m'aides. J'ai une idée : si tu me files les clés, je te jure que personne ne le saura. Promis juré. S'il te plaît, fais un effort, il faut que je trouve une solution ou Ben ne voudra pas venir.
Paul : Ah ! mais tu sors avec lui ou pas ?
Adèle : Je ne sors pas avec lui mais il me plaît pas mal.
Paul : Si tu veux que je t'aide, tu devras tout me raconter.

J'ARTICULE

 page 45, activité 6

C'est
C'est vrai
C'est vrai que
C'est vrai que vous
C'est vrai que vous habitez
C'est vrai que vous habitez en
C'est vrai que vous habitez en Belgique ?

Boire
Boire et
Boire et voir
Boire et voir sont
Boire et voir sont des
Boire et voir sont des verbes
Boire et voir sont des verbes différents

PROJET

 page 47, activité 2

J'ai choisi le livre *Monsieur Ibrahim et les fleurs du Coran*, d'Éric Emmanuel Schmitt, un philosophe et romancier franco-belge. Ce livre a été écrit en 2001.
Le livre raconte l'histoire de Moïse (Momo), un enfant qui vit à Paris avec son père, un avocat juif qui ne s'occupe pas trop de lui.
Momo va tous les jours à l'épicerie de son quartier et vole des produits à Monsieur Ibrahim, qui le sait mais qui ne lui dit rien. Un jour, ils commencent à discuter et depuis ce jour-là ils entament une relation d'amitié qui sera très importante pour les deux. Momo grandit et, à la mort de son père, il est adopté par Monsieur Ibrahim. Ensemble, ils voyagent car Monsieur Ibrahim veut montrer à Momo son pays d'origine. Quand ils arrivent à destination, Monsieur Ibrahim présente Momo à ses amis. Il leur en parle avec fierté et Momo est très content de découvrir ce nouveau pays. Mais, suite à un accident, Monsieur Ibrahim meurt. Mais il meurt heureux d'avoir fini ses jours dans son pays natal. Quand Momo rentre en France il devient l'épicier de son quartier et on comprend que Monsieur Ibrahim en aurait été fier.
J'ai choisi ce livre parce qu'il m'a marquée. J'ai adoré l'histoire et surtout la relation entre les deux personnages principaux. Monsieur Ibrahim change la vie de Momo et lui apprend des choses très importantes. Il est important de remarquer que les religions sont un sujet traité dans cette œuvre et que le livre nous fait réfléchir sur ce qui les rapproche. J'ai surtout aimé le passage du sourire, où Monsieur Ibrahim explique à Momo que ce n'est pas parce qu'on est heureux qu'on sourit mais au contraire. J'ai essayé de le faire moi-même et ça a marché ! *Monsieur Ibrahim et les fleurs du Coran* est un livre facile à lire, drôle, intéressant et plein d'espoir.

BILAN

 page 49, activité 2

– En direct du salon du livre francophone de Beyrouth. Nous sommes des élèves du grand lycée franco-libanais et nous avons quelques questions à vous poser.

Tout d'abord, que nous vaut l'honneur de votre visite au salon ? Êtes-vous ici en tant que nouvelle voix de la francophonie ou en tant qu'auteur ?
– Bonjour à tous, je suis d'abord là en tant qu'auteur parce que je suis toujours auteur et que je serai toujours auteur et que voilà, c'est le cœur de mon métier et que même en tant que représentante personnelle du président pour la francophonie, il m'a choisie justement parce que je suis écrivaine, et qu'un écrivain, son premier métier c'est de travailler avec la langue, c'est de mesurer à quel point la langue est un outil important, donc bien sûr en tant qu'écrivaine et en tant que défenseur de la langue française et de la francophonie.
– Alors, vous êtes une ancienne élève du lycée français de Rabat, est-ce que cela vous aide dans votre mission qui est de promouvoir l'enseignement français et sa culture ?
– Bah, bien sûr parce que moi je suis franco-marocaine, je suis africaine, je suis écrivaine, donc je suis totalement une enfant de la francophonie. Moi, j'ai fait mon école primaire dans une école française, j'ai fait le lycée français, j'ai vu mes premiers films et mes premières pièces de théâtre dans des instituts français, j'ai emprunté mes premiers livres dans des médiathèques françaises, j'ai été à l'alliance française, donc voilà, bien sûr ça m'a beaucoup forgée, donc je sais ce que c'est et je sais ce que je dois à tout ce système, donc bien sûr c'est important.
– Vous êtes également marraine de la première édition de la semaine des lycées français du monde organisée par l'AEFE, avez-vous un message à leur adresser ?
– Non, mais moi ce que je dirais en tout cas, ce que je pense qui est important pour la jeunesse, c'est de continuer à toujours favoriser la diversité, voilà il faut être ambitieux pour soi-même, en faire toujours plus, vouloir apprendre toujours plus, dévorer toujours plus de culture, plus de livres, plus de films, apprendre plus de langues, parce que la francophonie, c'est la défense bien sûr du français mais c'est de manière générale la défense du partage entre les peuples, du partage des cultures, du plurilinguisme, donc je dirais, voilà, ouvrez vos horizons le plus possible et que l'âge de la jeunesse est un âge où on a le temps, du temps à consacrer à ça, pour dévorer des films, des livres, de la musique etc donc je leur dirais de profiter de leur jeunesse, c'est certain, pour s'ouvrir sur le monde.
– Merci.

Unité 4

LEÇON 2

 page 54, activité 1

– Alain, est-ce que tu peux me raconter une anecdote de ton enfance ?
– Je me souviens des soirs de mois de juin où dès les premières chaleurs les insectes comme les hannetons et les lucanes, apparaissaient par milliers. Maintenant avec les insecticides et les pesticides, ce phénomène a disparu. Je me rappelle aussi qu'au retour de l'école nous jouions aux billes dans la rue car il n'y avait pratiquement pas de voitures à l'époque.
– Tu jouais beaucoup à l'extérieur, dans la rue ?
– Oui, avec mes frères et sœurs on n'avait pas le droit de jouer à l'intérieur de la maison. En général, en hiver, les températures étaient beaucoup plus froides que maintenant. Je me souviens qu'il faisait souvent – 4 ou – 6 degrés dans la journée et malgré tout, je portais un pantalon court et des chaussettes, comme tous les enfants de mon âge. En 1954, j'avais donc 10 ans, il y avait eu un hiver très froid. La Seine avait gelé et il n'y avait plus aucune navigation sur le fleuve. Il neigeait plus souvent qu'actuellement et on en profitait pour jouer à se lancer des boules de neiges.
– Et tu te baignais dans la Seine ?
– Oui, parce que nous habitions à côté. On s'y baignait en été. Il y avait un ponton avec un plongeoir et on s'y retrouvait avec des enfants de notre âge. L'eau était suffisamment propre pour la baignade, ce qui n'est plus le cas actuellement. En 1955, à Ablon, la Seine a aussi connu une des crues les plus importantes de son histoire et je ne suis pas allé à l'école pendant 3 semaines, la hauteur de l'eau étant de 7 mètres 24 au-dessus de la cote habituelle. Certains élèves de plusieurs quartiers d'Ablon, qui étaient beaucoup plus touchés par la crue avaient finalement été obligés d'aller à l'école en barque.

J'ARTICULE

 page 55, activité 7

Ils
Ils parlent
Ils parlent des
Ils parlent des choses
Ils parlent des choses assez
Ils parlent des choses assez importantes.

Les
Les filles
Les filles mangent
Les filles mangent des
Les filles mangent des pommes
Les filles mangent des pommes jaunes

LEÇON 3

 page 56, activité 2

Une ruée dès ce matin à l'ouverture des portes pour trouver la bonne affaire. Dans la nuit, les compagnons d'Emmaüs ont dû regarnir les étalages car le succès de cette vente d'automne est phénoménal.

Transcriptions

« Il y a plus de monde maintenant, il faut beaucoup bouger, quoi. En tous cas nous sommes très satisfaits, il y a plein plein plein de clients qui arrivent depuis hier donc ça ne s'arrête pas en fait. »

Des petits prix pour des objets de seconde main en parfait état qui vont trouver leur place dans de nouvelles maisons. Le « consommer mieux et plus raisonnablement » a toute sa raison. Des meubles, des cafetières, des ordinateurs, des vêtements, mais il faut aller vite.

« Apparemment, vous avez déjà trouvé votre bonheur ».
« Oui, ces petites tables que j'aime bien, voilà, et qui pourraient meubler la maison. »
« Moi, je suis très curieuse, j'ai pas forcément besoin de grand-chose mais je remarque qu'il y a des jolis objets qui peuvent être utiles, et mon amie fait beaucoup d'affaires, elle, par contre. »

Faut-il y voir le reflet d'une société qui peine ? Certainement, les chiffres parlent d'eux-mêmes.

« On a rencontré déjà un franc succès sur la première journée, puisqu'on a quasiment atteint notre recette de l'an dernier qui était étalée sur 2 jours, donc on est plutôt très satisfaits déjà de cette vente, quoi qu'il se passe aujourd'hui, on va dire que le pari est presque gagné et ça, on peut remercier les Tourangeaux de nous soutenir, soit dans leurs dons au fil de l'année puisque ça alimente ce genre de ventes ou en venant participer à ces ventes. »

Et chacun y trouve quelque chose, même quand la recherche est des plus insolites.

« Moi, je suis collectionneur de sabots, donc je cherche. Et j'arrive à trouver. Pas aujourd'hui, je viens juste d'arriver, pour l'instant j'ai pas fait de découverte mais ça ne saurait tarder. »

Chez Emmaüs, on trouve de tout. On peut même s'offrir des éditions de La Pléiade et les œuvres complètes de Shakespeare pour 20 euros, en plus d'une cafetière à 8 euros, ça valait vraiment le coup.

LEÇON 4

 page 58, activité 1

En France, il y a une discrimination dont personne ne parle alors qu'elle nous concerne tous, c'est l'âgisme. Autrement dit, la discrimination liée à l'âge.

« Ben, Nina qu'est-ce que tu fais là ? T'es pas encore à la retraite ? Rentre chez toi, un peu, fais place aux jeunes ! »

Ce genre de comportement anti-vieux est clairement une discrimination et pourtant, on a parfois l'impression que ça ne choque personne.

En moyenne, une personne de plus de 50 ans met 540 jours à retrouver un emploi, c'est plus du double par rapport aux personnes qui ont entre 35 et 49 ans. Et pour les personnes plus âgées, c'est aussi plus compliqué de louer un logement ou encore d'obtenir un prêt, un peu comme pour les jeunes d'ailleurs. Oui, l'âgisme, ça marche dans les 2 sens.

« Ce qui soutient l'âgisme, comme le racisme ou le sexisme, ce sont les stéréotypes, donc pour un certain nombre de gens, les jeunes sont forcément moins honnêtes, moins attentifs, moins bons locataires etc. »

Et les stéréotypes envers les plus vieux et bien c'est qu'ils sont forcément en mauvaise santé, égoïstes et restés bloqués à une autre époque.

PROJET

page 61, activité 2

L'objet que j'ai choisi de faire revire est celui-ci : une vieille boîte en fer. J'ai choisi cet objet parce que je le voyais tous les jours à la maison. Pour moi c'était un objet banal et avec ce projet, j'ai véritablement découvert son histoire et surtout l'importance de réutiliser les objets.

Voilà donc cette vieille boîte en fer que j'ai toujours vue chez moi. Ma mère m'a raconté qu'elle appartenait à sa grand-mère et qu'elle l'avait gardée en souvenir.

Dans le passé, cette boîte servait à garder les biscuits. Tous les mercredis après-midi, après l'école, ma mère allait chez sa grand-mère et c'est la première chose qu'elle lui proposait, les biscuits de cette boîte.

Un jour où on est allées à un vide-greniers, ma mère a vu une boîte identique à celle-ci. Le vendeur lui a expliqué que cette boîte avait été fabriquée dans les années 1950 par une entreprise toulousaine spécialisée dans la manufacture de boîtes métalliques.

Grâce à ce projet je me suis intéressée pour la première fois à cette boîte, qui servait de décoration, j'ai donc découvert son histoire et j'ai décidé de lui donner une nouvelle vie. Maintenant, je l'utilise tous les jours. J'y mets mes clés quand j'arrive à la maison. Vous vous rendez compte, je suis la quatrième génération de la famille à avoir cette boîte et à l'utiliser.

En plus, en réutilisant cet objet, je réalise un geste écologique. Pour finir, avec ce projet j'ai compris que ça valait la peine de s'intéresser aux objets qui nous entourent. Ils racontent des histoires et véritablement, il est important de leur donner une nouvelle vie, pour ce qu'ils signifient pour nous et aussi pour ce que cela signifie pour notre planète.

BILAN

 page 63, activité 2

– Mamie, peux-tu te présenter ?

– Oui, je m'appelle Rose-Marie, je suis née en France, dans le Gers, le pays du foie gras et j'ai 70 ans.
– Peux-tu me parler de ton enfance ?
– J'ai passé mon enfance à Orléans, la ville de Jeanne d'Arc. Mon école primaire était une école de plein air. Les cours se passaient dans le parc de l'école quand il faisait beau. C'était une école pour les enfants avec une santé fragile. Cette école m'a fait beaucoup de bien ! C'était dans les années 1950, après la seconde guerre mondiale. À Orléans, il y avait une base de l'armée américaine. Je me souviens que les soldats donnaient des chewing-gums aux enfants, à cette époque ce n'était pas courant les chewing-gums. Pour nous, c'était la fête quand on en avait. Plus tard, avec mes parents nous avons déménagé et j'ai vécu à Wimereux, dans le nord de la France, à côté de la frontière belge. Du cap Gris-Nez, quand le temps était clair, je pouvais voir l'Angleterre. Comme Wimereux se trouvait en bord de mer, nous allions ramasser des moules, des crabes, des bulots et l'été nous nous baignions à la plage.
– Comment as-tu connu Papie ?
– À l'âge de 12 ans, je suis allée vivre avec mes parents près de Paris, à Ablon-sur-Seine. C'est là que j'ai connu Papie, en me promenant au bord de la Seine, j'avais 18 ans.
– Qu'est-ce que tu as fait comme travail ?
– J'en ai eu plusieurs. D'abord, j'ai travaillé dans une banque comme agent de change. Ensuite j'ai travaillé dans la société de mon mari comme secrétaire comptable, puis dans une agence de voyages comme agent de voyage et aussi chez le grand couturier parisien Christian Lacroix, au service des ressources humaines. Finalement, j'ai travaillé comme comptable chez un grossiste en volailles à Rungis. C'est à Rungis que se trouve un des plus grands marchés de grossistes international d'Europe.
– Et maintenant, qu'est-ce que tu fais ?
– Maintenant, je suis retraitée et je vis au bord de la mer.

Unité 5

LEÇON 1

page 66, activité 2

Je voudrais juste revenir sur un tout petit détail. Ton cerveau, ça te dit un truc ?
Bon, en vrai je devrais dire « tes cerveaux » parce que en fait tu as des neurones dans ton ventre, dans ta tête, et dans ton cœur.
Vous pensez pas qu'il serait temps de s'intéresser à ce qu'il raconte ?
Non parce que faut attendre 1932 pour qu'il y ait enfin un prix Nobel qui découvre la fonction d'un neurone et faut attendre la fin des années 60 pour qu'on invente la neuroscience. Il y a eu 19 siècles avant en 1999, non en 1995, non en…, bref, on s'en fout, il y a Daniel Goleman qui écrit l'intelligence émotionnelle, c'est bien.

Donc, en fait, l'intelligence émotionnelle c'est le langage de ton cerveau. Ton cerveau te parle mais tu comprends rien à ce qu'il dit. Et quand tu comprends rien à tes émotions, tu comprends rien à ton cerveau.
Salut, c'est facile de critiquer. Quand je suis énervé, je ne peux rien faire.
Neurosciences appliquées, pour simplifier t'as 4 émotions principales : la colère, bonsoir, la tristesse, bonsoir, la peur, bonsoir, et la joie, salut.
Et quand une de ces émotions se manifeste, ce qu'elle veut, c'est te pousser à faire un truc.
L'émotion, c'est ton cerveau qui te dit : réagis !
Par exemple la colère, elle te dit pas, « tu vois pas que c'est rouge, connard », elle te dit : « j'ai besoin que mes valeurs soient respectées. Merci, voilà, merci ». Et fais gaffe quand tu es en colère, tu produis du cortisol, et le cortisol quand t' en as trop, à la longue, ça ronge tes neurones mais ça te permet d'attaquer. T'imagines l'état des neurones du gars qui passe 3 heures à écrire un commentaire vénère sur internet, ah mais c'est juste un exemple. Pour 1 minute de colère, il faut 1h à ton système immunitaire pour évacuer ton cortisol. 5 minutes, 5 heures. Tu me dis si je vais trop vite.
La tristesse elle te dit pas (bruitages), elle te dit « désormais, je suis disponible pour le renouveau ». Donc en gros quand t'es triste c'est que ton cerveau a compris que c'était fini, mais pas toi et que si tu commences autre chose, et ben t'arrêtes d'être triste.
La peur elle te dit pas (bruitages), elle te dit « voilà ce qui pourrait arriver si tu ne réagis pas. Ça veut dire bouge ton cul ». Ah, et au passage, il n'y a que 8% de tes peurs qui sont fondées sur une menace concrète. 8, tout le reste c'est dans ta tête. T'es pas obligé d'être condescendant pour expliquer des trucs. Ah mon dieu je vais mourir, donc en gros, c'est 3 signaux, qui te disent tous la même chose : fais une action pour revenir à ton émotion de base, la joie. « C'est moi. » C'est la seule de tes émotions que ton cerveau essaie de reproduire en permanence et ce que tu sais peut-être pas, c'est que le sourire il est à l'origine de ta joie et pas le contraire. Parce que quand tu souris, même si tu te forces, tu produis de la sérotonine et de la dopamine qui te provoquent un sentiment de bonheur. Donc en gros, l'émotion c'est un signal qui dure quelques secondes et le sentiment c'est le temps que tu accordes à ce signal, donc au final, le bonheur c'est le temps que tu accordes à ta joie. « C'est moi ! » Et tout le monde s'en fout.

LEÇON 2

page 68, activité 3

Psy : Bonjour.
Yanis : Bonjour.
Psy : Quel est votre prénom ?

Transcriptions

Yanis : Yanis.
Psy : Alors Yanis, en quoi je peux vous aider ?
Yanis : Je ne suis pas bien dans ma peau, je ne dors pas, je suis perdu. J'aimerais qu'on en parle.
Psy : Je vois. Qu'avez-vous exactement ?
Yanis : J'ai des problèmes avec mes amis.
Psy : C'est-à-dire ?
Yanis : Je ne sais pas, j'ai l'impression qu'ils m'évitent et je ne comprends pas pourquoi.
Psy : Je vois. Depuis quand avez-vous cette impression ?
Yanis : Depuis quelques semaines mais je me disais que tout était dans ma tête. Ce matin, j'ai compris.
Psy : Qu'avez-vous compris, Yanis ?
Yanis : Qu'ils ne voulaient pas de moi. En fait, j'ai vu sur Instagram qu'ils étaient à la piscine et ils ne m'ont rien dit.
Psy : Bon. Je ne crois pas que ça soit si grave que ça.
Yanis : Pour moi si, c'est grave, parce que c'est moi qui les ai présentés au lycée. Je pensais que je comptais pour eux, comme ils comptent pour moi. Surtout Luc, qui est mon meilleur ami !
Psy : Je vois. Vous vous sentez comment ?
Yanis : Triste, blessé, en colère aussi.
Psy : Angoissé aussi ?
Yanis : Oui.
Psy : Pourquoi ?
Yanis : Parce que je ne sais pas quoi faire.
Psy : C'est-à-dire ?
Yanis : À cause d'Instagram.
Psy : C'est-à-dire ?
Yanis : Ben, je ne sais pas si je dois ajouter un commentaire à leur photo pour qu'ils sachent que je suis blessé ou si je ne dois rien dire.
Psy : Écoutez, Yanis, vous êtes en colère, vous êtes triste et c'est normal car vous êtes blessé et quand on est blessé on éprouve ces sensations. Mais je vous conseille d'éclaircir la situation.
Yanis : C'est-à-dire ?
Psy : Il faut que vous sachiez que ne rien dire, ça n'apporte rien. Vous devez donc parler avec Luc et exprimer vos émotions.
Yanis : Mais j'ai peur qu'il le dise aux autres.
Psy : Justement, si c'est votre meilleur ami, il ne dira rien et il sera content que vous soyez sincère.
Yanis : D'accord, je vais essayer.
Psy : Faites ça et à la prochaine séance, dans une semaine, vous me raconterez comment ça s'est passé.
Yanis : D'accord, je vais essayer. Alors à la semaine prochaine.
Psy : À la semaine prochaine, Yanis.

 page 69, activité 7

Garçon 1 : Je stresse à mort quand je dois parler devant la classe, c'est plus fort que moi, je transpire et je bloque. Il m'est même arrivé de pleurer et de devoir sortir dans le couloir pour reprendre de l'air.
Fille 1 : Je suis prévoyante et méthodique mais dès qu'il y a un truc qui m'échappe je ne sais pas gérer la situation, j'ai tendance à m'isoler et j'en souffre beaucoup. Du coup, je suis aussi exigeante avec les autres et je sens qu'ils m'évitent.
Garçon 2 : Je n'arrive pas à faire tout le travail, j'ai tous les jours une activité différente après le lycée. Quand je rentre je suis épuisé et je suis incapable de finir mes devoirs alors je suis puni et j'angoisse encore plus. En classe, j'ai du mal à me concentrer tellement je suis crevé.
Fille 2 : Mon problème c'est qu'à la maison ce n'est pas facile de me concentrer car il y a beaucoup de monde et c'est bruyant. En plus, je dois m'occuper de mes petits frères. Je dois donc trouver un endroit pour m'isoler sans que quelqu'un vienne me déranger et ça, ce n'est pas toujours simple.

LEÇON 3

 page 71, activité 5

On s'arrête, on se pose et on regarde dans quel état on se trouve. On regarde comment on respire, dans quel état est notre corps, dans quel état sont nos pensées, nos émotions, quelles sont les impulsions qui siègent en nous, et faire ça nous permet de mieux comprendre au lieu d'être sans arrêt dans des actions ou dans des distractions, on s'arrête et on observe ce que nous sommes en train de vivre. C'est le lien, le lien social, de davantage écouter les autres, davantage leur donner, de pratiquer davantage l'altruisme, d'être vraiment avec eux, de ne pas être à côté d'eux, tous en train de regarder son écran ou en train de faire des choses qui semblent nous réunir et qui en fait ne correspondent pas à une vraie communication mais vraiment, régulièrement, prendre le temps d'échanger, de dialoguer, d'écouter, de comprendre sans but particulier. Le fait de régulièrement prendre du temps pour être en contact avec les espaces naturels, la nature, la campagne, la montagne, la mer, aucune importance ou même dans des grands parcs publics et prendre des bains de nature, comme on prend des bains de soleil ou des bains de mer, car s'immerger sans autre attente qu'être juste là, que recharger ses batteries, c'est quelque chose qui nous reconnecte à l'essentiel, à notre nature d'être vivant, et qui accroît notre apaisement et notre discernement qui sont deux ingrédients très importants pour la liberté intérieure.

Qu'est-ce qui compte pour moi dans ma vie ? Qu'est-ce que je veux faire de ma vie finalement, qu'est-ce que je voudrais qu'on puisse inscrire sur ma pierre tombale, comme épitaphe, une fois que je ne serai plus là ? Souvent on perd de vue évidemment ses valeurs parce qu'on est aspirés une fois de plus par les obligations triviales de la vie quotidienne et s'arrêter pour voir ce qui compte pour nous, prendre soin des autres, accomplir sa fibre et ses prédispositions artistiques, mener à bien un grand projet, réunir certaines personnes pour atteindre un objectif qui nous paraît important … Toutes ces valeurs d'humanité, de partage, de convivialité, chacun de nous les porte et, souvent malheureusement les néglige et oublie de s'en occuper en tous cas s'en occupe beaucoup moins qu'il ne s'occupe de son travail, de son compte en banque, ou de la réparation de sa voiture ou de sa chasse d'eau.

LEÇON 4

 page 72, activité 1

Voilà un rêve ou plutôt l'histoire d'un rêve. Le contexte, on va commencer comme ça, puisqu'un rêve en fait, ça prend toujours sa source dans un élément de réalité, quelque chose qui nous est arrivé les jours précédant la nuit où on va rêver. Donc voilà, je me promène, c'est l'hiver, je me promène dans la ville où j'habite et je passe devant mon magasin de chaussures préféré et là je vois une paire de bottes, une paire de bottes en cuir, mais alors absolument magnifiques, divines. Je regarde leur prix, et là je vois que ce n'est pas possible, non, c'est pas possible, car elles sont vraiment trop chères. Donc je vois ces bottes, elles sont confortables, elles sont belles, elles ont tout quoi, ce sont les bottes de ma vie mais comme elles sont trop chères ce n'est pas possible. Faute de pouvoir les acheter, j'y pense pendant plusieurs jours, du coup, ça m'obsède, j'suis un peu comme ça avec les chaussures, je suis obsessionnelle. Enfin bref, et puis ça me travaille, ça me travaille et puis finalement, ça finit par s'apaiser. Et à la même époque, au travail, j'avais régulièrement des conflits avec ma directrice qui m'énervait beaucoup. Voilà, ça c'était un autre élément et donc la nuit je dors tranquillement et comme toujours et je rêve. Et de quoi je rêve ? Je vois ma directrice mais avec quoi ? Avec mes bottes ! Non, alors là, je me suis réveillée furieuse ! Mais qu'est-ce que c'est que ce rêve de fou ? Ça nous montre que le rêve, c'est un mécanisme très automatique finalement, c'est-à-dire que dans notre quotidien, il nous arrive toujours des petits événements qui nous paraissent complètement anodins mais qui finalement résonnent à l'intérieur de nous avec des traumatismes qu'on a déjà pu vivre par le passé. J'ai toujours eu du mal à accepter qu'on me donne des ordres que je considère incohérents, ça m'énerve parce que je ne suis pas d'accord, et ça me met dans un état de colère que j'ai du mal à gérer. Le désaccord que j'ai eu avec ma directrice a réveillé une frustration que j'ai depuis mon enfance face à l'autorité. De ce fait, comme j'ai été frustrée par rapport à ces bottes et comme j'ai été énervée par la directrice, mon inconscient a travaillé pendant la nuit, et a réactivé tout ça. Par conséquent, nos émotions d'enfance ne nous quittent jamais.

J'ARTICULE

 page 73, activité 6

C'est
C'est interdit
C'est interdit de
C'est interdit de copier
C'est interdit de copier les
C'est interdit de copier les exercices

Elles
Elles ont
Elles ont des
Elles ont des enfants
Elles ont des enfants très
Elles ont des enfants très aimables

PROJET

 page 74, activité 1

En manchette sur le bras ou de la tête aux pieds façon seconde peau, les motifs paradaient fièrement au dernier salon mondial du tatouage à Paris. Mais certains affichent parfois quelques regrets. C'est le cas de Samy, 21 ans et un tatouage sur le poignet qu'il a décidé de faire enlever. « Et on découvre ce qu'il nous reste à faire ». Sixième séance de laser pour ce coach sportif, « 1, 2, 3 j'y vais » et la douleur est toujours là. « Oui, là c'est bon, on se dit, peut-être il aurait fallu réfléchir un peu avant, quelques jours avant, quelques mois avant, plutôt que de se faire tatouer comme ça très rapidement, à l'improviste ».

Un tatouage polynésien, censé illustrer la vie du jeune homme, un dessin raté que cette dermatologue efface scrupuleusement. « Moi, avec le laser, je ne fais que fragmenter l'encre qu'il a dans la peau. Ça va donc provoquer une réaction inflammatoire, un gonflement, une rougeur, des cloques, des croûtes, et c'est au sein de cette réaction inflammatoire que le patient va détatouer ». L'acte ne laisse pas de cicatrices, mais les regrets coûtent cher, en moyenne 150 euros la séance et plusieurs sont nécessaires.

Pour faire disparaître son tatouage, Aline, elle, a choisi une solution plus radicale. Pour 450 euros elle est venue le faire recouvrir. « De mon histoire il fait partie d'une période que j'ai envie, pas d'effacer mais de, de cacher, voilà. C'est

Transcriptions

vraiment recouvrir une période de ma vie et en avoir une autre, une nouvelle ». Des roses, du lierre, cette fois la fleuriste a choisi des motifs plus personnels. En trois heures, un bouquet prend vie sur son bras. « Ça a quelque chose de magique, en fait, je le vois disparaître et en même temps je vois l'autre apparaître, c'est ... je pourrais dire presque une renaissance du tatouage ».

Le tatouage n'est pas une mode passagère, mieux vaut donc bien réfléchir pour choisir un motif que l'on aura envie de porter toute sa vie.

BILAN

 page 77, activité 2

Lorsqu'on pense au mot stress, on pense à des gens qui travaillent, qui courent à droite et à gauche, qui n'arrêtent pas et qui n'ont pas assez de temps pour tout faire, mais en fait le stress ne touche pas seulement les adultes, il touche aussi les enfants. En effet, certaines études montrent que de nos jours beaucoup d'enfants sont angoissés. Or, l'angoisse et le stress sont liés. Car le stress est une angoisse. On ressent une appréhension ou on a peur sans savoir de quoi on a peur. Alors pourquoi les enfants sont-ils stressés ? Eh bien, parce que quand on est jeune, il y a beaucoup de choses qu'on ne connaît pas, on a pas de recul, on ne peut pas comparer ce qui nous arrive avec ce que nous avons vécu et si on n'a pas d'adultes pour nous aider on peut avoir peur de tout rater. En plus, les enfants ont besoin d'avoir confiance en eux et ce sont les adultes ou les plus âgés qui doivent leur donner cette confiance, alors quand ça ne se passe pas comme ça, ça peut être très dur, très stressant pour les enfants. En fait, le stress est une angoisse qu'on vit de façon solitaire, on est comme dans une bulle et on se fait son cinéma. Étant donné qu'on ne sait pas ce qui nous arrive, on ne parvient pas à identifier le problème, on sait tout simplement qu'on souffre. Il est donc important d'en parler à quelqu'un car ça casse cette bulle de solitude et, même si on ne résout pas toujours le problème rapidement, ça peut nous soulager et nous aider à trouver une solution. Après, il y a des choses comme la respiration qui peuvent nous aider à nous calmer car en respirant nous prenons possession de notre corps, comme un guerrier avant le combat qui rassemble toutes ses forces pour montrer aux autres ce dont il est capable. Il faut aussi se dire qu'on ne peut pas être aimé et apprécié de tout le monde. En fait, on est jugé sur ce qu'on fait et si une fois on a raté quelque chose, il faut se dire que ce n'est pas grave, que la fois suivante on pourra réussir. On ne peut pas être excellent tout le temps. Prenons les sportifs, par exemple, ils peuvent rater un match mais cela ne les empêche pas de devenir des champions. Il faut donc apprendre à relativiser cette peur ou angoisse qu'est le stress.

Unité 6

LEÇON 1

 page 81, activité 2

Près d'une centaine de musées internationaux se sont déclarés jeudi « *profondément choqués* » par les actions visant des œuvres d'art organisées par des militants de la cause environnementale, et ont rappelé leur rôle de conservation.

« *Les activistes responsables de ces attaques sous-estiment largement la fragilité de ces œuvres irremplaçables* », écrivent ces institutions, dont de grands musées internationaux comme le Prado à Madrid, Le Louvre à Paris, ou le musée Guggenheim à New York.

Leurs dirigeants se disent « *profondément choqués par (la) mise en danger inconsidérée* » de ces œuvres lors d'une série d'actions mises en scène par des militants pour alerter l'opinion publique sur le réchauffement climatique.

Ces dernières semaines, des militants pro-climat ont par exemple collé leurs mains sur une peinture de Goya à Madrid ou sur la célèbre sérigraphie « Campbell's Soup » d'Andy Warhol exposée en Australie, projeté de la soupe à la tomate sur les « Tournesols » de Van Gogh à Londres, et étalé de la purée de pommes de terre sur un chef-d'œuvre de Claude Monet à Potsdam, près de Berlin.

Si les peintures sont restées indemnes, l'incident des « Tournesols » a entraîné des dégâts légers sur le cadre de la toile. « *Les musées sont des lieux où s'établit un dialogue entre des personnes d'horizons très divers et donc des lieux qui contribuent aux échanges sociétaux* », ont déclaré les 92 signataires. « *De ce fait, les fonctions essentielles du musée – collection, recherche, médiation et conservation – sont plus essentielles et plus pertinentes que jamais* », ont-ils ajouté.

LEÇON 2

 page 82, activité 1

La semaine passée, du 16 au 24 novembre, c'était la semaine européenne pour la réduction des déchets. Le zéro déchet c'est de plus en plus réaliste et ça, c'est une bonne nouvelle. Et ça fait du bien.

Il y a des villes entières qui s'y mettent, en Belgique, il y a même des communes qui deviennent des communes zéro déchet. Ces villes, elles pratiquent le compostage collectif, l'utilisation des gobelets réutilisables en festivités, elles

mettent en avant les petits producteurs, les circuits courts, et elles misent sur le réemploi et la récup.
Ici, on trouve de tout, condiments, pain, légumes de saison et cosmétiques. Mais ce n'est pas toujours facile de réunir zéro déchet, local et bio.
Et ces communes, elles se sont mis un objectif : moins de 100 kg de déchets par an, et par habitant. Pour l'instant, on est à une moyenne de 500 kg. Du coup, là on vient d'apprendre que madame la ministre de l'environnement a annoncé que ces communes-là, à partir de janvier 2020, vont recevoir plus de subsides. Céline Tellier, merci beaucoup ! C'est pas grand-chose, c'est 5 centimes par habitant, mais c'est déjà ça ! Et puis, il y a des villes qui lancent des initiatives comme le marché zéro déchet. « On a essayé de mettre un maximum en avant tous les produits locaux et les artisans locaux ». « Ici en fait, les bocaux sont consignés. Donc, les clients achètent et ils peuvent rapporter leurs bocaux, soit directement à l'atelier soit sur le marché des producteurs locaux. » Et ce marché met en avant les produits du terroir et le monde de la récup. Un petit « showed out » quand même à Eurostar qui vient de lancer le tout premier train sans plastique. Ils ont pensé aux emballages, aux couverts, à la gestion de l'énergie. Et puis, il y a des pays comme au Maroc ou au Rwanda où le sac plastique est banni. Il y a des initiatives à grande échelle et il y a des initiatives à petite échelle aussi. Par exemple, dans les écoles, tu as l'utilisation grandissante des gourdes, des fontaines à eau, des boîtes à tartines. À la maison, tu as le compost et tu as aussi la baisse progressive de la collecte des sacs poubelles. Tu peux par exemple n'utiliser plus que de la vaisselle réutilisable, utiliser du savon et du shampoing solide, faire tes courses avec des sacs en tissu, acheter des fruits et légumes non emballés, pas de paille et d'ailleurs tous les produits en vrac non emballés. Il y a une autre initiative qui est vachement sympa si tu veux vraiment faire du zéro déchet, c'est les ateliers zéro déchet. Là-bas tu peux découvrir des alternatives pour faire des emballages cadeaux avec autre chose que du plastique, des chutes de tissu par exemple. Il y a un concept qui est quand même vachement cool c'est la box zéro déchet. Elle est carrément eco-friendly et elle te permet de faciliter la transition si tu veux adopter une vie zéro déchet. Dedans, il y a des objets et des cosmétiques 100 % réutilisables comme du déodorant solide ou des cotons-tiges sans plastique. Bon, si tu sais vraiment pas te passer du plastique, des chercheurs ont découvert comment faire pour reproduire du plastique mais écolo.
Et en fait, ces fibres sont créées par un savant mélange de bois et de soie. Genre on dirait vraiment du plastique il y a la résistance et l'extensibilité en même temps.
Bref, dans le zéro déchet il y a plein de trucs à faire et chacun peut apporter sa pierre à l'édifice, mais il y a une idée que j'aime bien c'est des sacs à sandwiches qui deviennent des sets de table. Mais genre, l'idée que je préfère c'est les contenants alimentaires sans plastique à base de feuilles de bananier. Enfin bref, tu as compris je pense que le zéro déchet c'est vraiment l'avenir et je pense que si on s'y met tous on peut vraiment arriver à faire du bien à la planète. Est-ce que toi il y a des trucs zéro déchet que tu fais déjà au quotidien ? Est-ce qu'il y a des trucs que j'ai proposé qui te tentent ? Dis-le-moi en commentaire. Bref, j'espère que je t'ai donné une petite impulsion eco-friendly. Quant à moi, je te fais un bisou et je te dis à demain ou pas.

LEÇON 4

page 87, activité 4

C'est une forteresse perchée à plus de 900 m d'altitude, juchée sur un sommet du Massif Central, à la frontière avec l'Auvergne, le château des Cornes d'Urfé, n'est aujourd'hui plus qu'un tas de ruines. Pourtant l'été cette citadelle du XIIe siècle renaît de ses cendres. Depuis 40 ans, des jeunes bénévoles s'impliquent pour restaurer ce château. Marine participe à son premier chantier, c'est même la première fois qu'elle monte sur un échafaudage. Au moment de planifier ses vacances, cette étudiante d'histoire de l'art n'a pas hésité à s'impliquer dans cette mission du patrimoine.
– Tu vois ça ne me choque pas de donner un peu de mon temps, pendant les vacances au lieu d'aller à la plage. Autant être un peu plus utile que d'habitude quoi.
– Vous vous sentez utile ?
– Oui, oui, vraiment. Je me dis, ce mur, il pourra tenir quelques années en plus, grâce à nos joints.
– Quelques siècles, j'espère.
– Quelques siècles, oui, on espère.
– On va manger là, Pauline est arrivée.
Éric Desèvre connaît le château comme sa poche. Ce maçon supervise ce chantier depuis 1994. À l'époque, il découvre une bâtisse envahie par la végétation. « Alors, quand on a commencé les travaux, il y avait une forêt, à l'intérieur du château, il y avait des arbres centenaires, c'était romantique en même temps. C'était vraiment magnifique, mais c'est vrai que pendant toutes ces années il a fallu nettoyer tout ça, redégager les maçonneries, regardez celle-ci, c'était pas apparent par exemple. Donc ici, on est dans un projet de consolidation, et c'est déjà beaucoup de travail. »
Objectif cette année, le confortement du mur d'enceinte pendant 2 semaines. Truelles et brosses sont les compagnons des 12 bénévoles. Âgés de 18 à 30 ans, ils passent la journée sur le chantier, avant de regagner leurs locaux dans le village voisin.

Transcriptions

J'ARTICULE

page 87, activité 7

Quand
Quand j'avais
Quand j'avais 5
Quand j'avais 5 ans
Quand j'avais 5 ans j'avais
Quand j'avais 5 ans j'avais toujours
Quand j'avais 5 ans j'avais toujours faim

J'ai
J'ai mangé
J'ai mangé un
J'ai mangé un croissant
J'ai mangé un croissant très
J'ai mangé un croissant très bon
J'ai mangé un croissant très bon dans
J'ai mangé un croissant très bon dans l'avion

PROJET

Activité 2, piste audio n° 35

Axel : Bonjour. Nous sommes Axel, Jade et Noor, des élèves de première A et dans le cadre de la campagne organisée dans notre lycée pour sauver la planète, le défi que nous avons choisi de relever est de faire la chasse aux plastiques dans notre environnement quotidien et de vous apporter des propositions pour vous en débarrasser.

Jade : Le plastique a envahi notre planète. Vous avez entendu parler du 7e continent ? Cette accumulation de plastiques qui est 6 fois grande que la superficie de la France et qui flotte dans les océans ? Selon certaines études, plus de 150 millions de tonnes de déchets plastiques flottent sur les océans. Cette étude va plus loin, si nous ne faisons rien, d'ici 2050, il y aura plus de plastiques dans la mer que de poissons. Ces déchets plastiques sont un désastre écologique pour les mers et les océans. Ils détruisent la faune et la flore. Combien de fois avez-vous vu des images d'animaux marins, poissons, tortues, oiseaux, emprisonnés dans du plastique, des restes de bouteilles, des pailles … ?

Noor : En effet, moins de 20% du plastique qui est fabriqué est recyclé. Tout d'abord, parce qu'on ne recycle pas une grande partie du plastique pour différentes raisons. Pour commencer, il y a encore beaucoup de personnes qui ne recyclent pas ou qui ne le font pas bien. De plus, à cause de la diversité et de la composition des différents plastiques, le recyclage est compliqué. Certains plastiques comme par exemple, les bouteilles de lait qui sont opaques ne sont pas recyclables. D'autre part, il y a des plastiques qui sont exportés par certains pays afin d'être traités et recyclés ailleurs. Malheureusement, cela ne fait que déplacer le problème. Vous avez vu des images de villages de plastiques ? Pour conclure, le plastique est un véritable poison. Alors, participez à la campagne de notre lycée ! Relevez tous les défis proposés, comme le nôtre, pour préserver notre planète ! Notre affiche vous propose des actions concrètes pour limiter notre utilisation des plastiques. Nous comptons sur vous !

BILAN

page 91, activité 2

Bonjour, moi c'est Florian et je suis volontaire aux Restos du Cœur de ma ville. Ma tâche principale consiste à préparer les camions pour les maraudes. Alors, je prépare des repas, j'ajoute de l'eau, du lait et de la soupe dans les camions, ainsi que des produits d'hygiène. Le camion des Restos fait ensuite une tournée de rue pour distribuer aux SDF et aux sans-abris ces biens de première nécessité. Cela fait maintenant 4 mois que je suis en service civique et cette expérience me permet de découvrir le secteur social. D'un point de vue personnel, cela m'a permis d'ouvrir les yeux sur la pauvreté qui nous entoure. Durant ma première maraude, j'ai été touché par un jeune de mon âge qui vivait dans la rue, sans rien. Nous avons pu lui venir en aide en lui fournissant des vêtements et un colis alimentaire. Ces derniers jours, j'ai appris qu'il avait pu trouver un logement et même une école. J'étais tellement content ! C'est encourageant de voir ça et de se dire qu'il ne faut jamais perdre espoir ! À la fin de mon service civique, j'ai l'intention de poursuivre mon engagement en tant que bénévole aux Restos du Cœur tout en continuant mes études dans le domaine médico-social.

Entrainement au DELF

page 94, activité 1

Entrainement 1

Benoît : Sandrine, pendant tes études tu as été lectrice dans un lycée aux États-Unis, n'est-ce pas ?

Sandrine : Oui, je suis allée dans le Minnesota, dans un lycée situé à Saint-Paul, pas loin de Minneapolis. J'y suis restée deux mois car ensuite j'avais un autre poste en tant qu'assistante de français aussi, mais en Arizona cette fois-ci.

Benoît : Alors, raconte-moi un peu ton expérience à Saint-Paul.

Sandrine : J'en ai un très bon souvenir. C'était donc en 1994, j'étais en train de faire ma première année de doctorat à la fac, et je voulais être prof d'anglais en France. Je suis donc partie là-bas fin août, avant la fin de mes vacances, car les cours commençaient à ce moment-là pour eux. Je me souviendrai toujours de mon arrivée au lycée le premier jour. J'étais logée dans une famille et en fait, la fille de la famille était une des élèves de français. Elle avait 16 ans et on y est allées avec sa voiture. En fait, la majorité des élèves arrivaient avec leur propre véhicule.

Benoît : Et qu'est-ce qui t'a surpris le plus en arrivant ?

Sandrine : Je crois que c'était l'ambiance du lycée. Tout d'abord, les banderoles qui souhaitaient la bienvenue aux élèves et qui annonçaient la soirée de la rentrée, ou Homecoming, avec un bal pour tous. D'autre part, la relation prof-élèves était vraiment différente de celle que j'avais connue en France. Les profs mettaient en relief les aspects positifs de chacun afin de les motiver et non pas ce qu'ils ne savaient pas encore faire. Durant ce trimestre passé dans ce lycée, ce que je trouvais incroyable pour moi c'était le rôle joué par les animatrices ou cheerleaders de l'équipe de football américain. La fille de la famille qui m'accueillait en faisait partie, elle s'entraînait beaucoup et le jour où il y avait un match, les élèves organisaient plein d'activités pour encourager l'équipe du lycée. Ils étaient habillés avec des maillots de l'équipe, se retrouvaient pour chanter l'hymne de l'équipe. Ils avaient même un emploi du temps avec toutes les actions qu'ils devaient réaliser.

 page 94, activité 2

Entrainement 1

Journaliste 1 : Votre invitée media est la productrice d'une série destinée aux enfants afin de les éduquer contre les stéréotypes sexistes ça s'appelle « chouette pas chouette », de très courts épisodes diffusés chaque jour sur 6 chaînes de télé.

Journaliste 2 : Bonjour Sandrine Arnaud.

Invitée : Bonjour Céline.

Journaliste : Le principe c'est de partir d'un à priori genré et de montrer à celui qui l'a prononcé ce que ça lui ferait si on lui imposait telle ou telle couleur et d'en faire l'expérience pour avoir de l'empathie, c'est ça l'idée ?

Invitée : Oui, Voilà, c'est absolument ça. On voulait aller à l'encontre d'une campagne de spot institutionnelle. On voulait vraiment faire un programme d'animation, parce que nous producteurs, c'est ce qu'on fait, on est producteurs de séries, on fait de l'entertainment, voilà, on distrait les enfants, sauf qu'on voulait faire une série d'animation civique, voilà, qui soit engagée, engageante, pour les parents, pour les professionnels de l'enfance, de l'éducation aussi.

Journaliste : Alors les garçons ne doivent pas pleurer, ils ne peuvent pas avoir les cheveux longs, la danse c'est pour les filles, elles peuvent pas être chefs ... Il y a 16 thèmes en tout, 16 épisodes d'1 minute 30, comment avez-vous sélectionné ces préjugés ?

Invitée : Alors en fait la série « chouette pas chouette » a été initiée par une consultation citoyenne, donc l'idée c'était effectivement d'aller à l'encontre des stéréotypes sexistes.

Journaliste : C'est rare quand même que plusieurs chaînes diffusent la même série télé, comment vous avez fait pour les convaincre ?

Invitée : En fait, tout le monde a été tout de suite très très partant pour nous rejoindre sur le projet parce que c'est engageant, parce que c'est concernant, parce que les chaînes de télé font du divertissement plus maintenant et il avaient envie de s'investir sur cette cause vraiment qui s'inscrit encore une fois dans une grande cause, plus large contre la violence faite aux femmes et l'idée c'était vraiment de s'adresser aux plus jeunes pour tout de suite quand on est encore aux germes de ce qui pourrait donner des comportements violents ou sexistes plus tard et engendrer des violences.

Journaliste : Normalement c'est destiné aux 4-6 ans, mais finalement ça devrait être regardé par tout le monde, les ados, mêmes les adultes.

Invitée : Absolument, et c'est le principe de l'accompagnement pédagogique qu'on fait dans les écoles. En fait le programme s'adresse effectivement aux maternelles, 4-6 ans, mais on a tout un programme pédagogique qui vient les accompagner jusqu'en 6ème parce que l'idée c'est de déconstruire les stéréotypes mais aussi de les questionner, de les interroger et on va pas aborder les choses de la même manière auprès des 4 – 6 ans, auprès des plus grands on va effectivement se servir de l'appui de la série pour aller plus loin pour aller questionner ce que font les youtubeurs, les youtubeuses, les unes de journaux, ce qu'on peut voir en télévision au cinéma...

Entrainement 2

 page 96

– D'abord, c'est la chronique d'Ève Minault.
– Bonjour Ève.
– Bonjour Juliette.
– Alors même si la Fast fashion semble avoir de beaux jours devant elle, depuis quelques années un mouvement opposé apparaît aussi bien du côté des créateurs que des consommateurs. Un mouvement qui s'est autoproclamé « slow fashion », la mode lente en anglais, les intentions sont bonnes mais la route est encore longue, Ève.
– Pour commencer, je vous propose quelques chiffres qui vous feront prendre conscience de l'ampleur du phénomène de la fast fashion. Pour le seul marché français, ce sont 600.000 tonnes de vêtements mis en vente chaque année selon l'agence de l'environnement et de la maîtrise de l'énergie, l'ADEME, 20 kg de vêtements consommés par an et par personne soit deux fois plus qu'il y a 15 ans. C'est simple, 5 millions de tonnes arrivent tous les

Transcriptions

ans sur le marché européen et à peu près 4 millions sont en même temps mis au rebus.
– Oui, une accélération de la production, c'est très rentable et c'est très polluant.
– Après le pétrole, l'industrie textile est la plus polluante au monde, elle représente 8 % du total des émissions de gaz à effet de serre, selon une étude de 2018 réalisée par le cabinet *Contis*, plus que les trafic aériens et maritimes réunis sans compter les conditions de travail de certaines usines délocalisées.
– Un phénomène qui provoque une prise de conscience du consommateur, donc, avec un résultat, le grand retour du seconde main, le marché d'occasion.
– Oui, la révolution vintage a été largement facilitée par le numérique, plus besoin de boutiques spécialisées, vous pouvez directement photographier et mettre en ligne vos vêtements à vendre en fixant le prix. Le leader actuellement en Europe, en tout cas en France sur ce marché est une start-up lituanienne *Vinted* qui revendique parmi ses utilisateurs près de 60 % chez les 18/29 ans, le problème reste que les vêtements issus de la fast fashion sont de mauvaise qualité et donc vieillissent très mal, ce qui ne correspond pas du tout aux enjeux du seconde main. d'autres sites français comme *Vestiaire collectif*, par exemple, se sont sectorisés eux sur le marché du luxe.
– D'où l'arrivée d'un nouveau phénomène, Ève, l'upcycling.
– Oui, que l'on pourrait traduire par recyclage amélioré, cette fois-ci, l'idée est de faire du neuf avec du vieux en fusionnant deux pièces en récupérant un beau tissu, complètememt ringard pour lui donner une seconde vie, et donc créer un nouvel objet, différentes études sur le sujet estiment même que d'ici 10 ans un tiers des vêtements conservés par une personne serait dédié à la seconde main alors qu'aujourd'hui 60 % des Français possèdent des vêtements qu'ils ne portent jamais.
– Et puis des marques qui revendiquent travailler selon les principes de la slow fashion.
– Alors, il s'agit souvent de marques européénnes qui ont décidé de produire moins, d'être plus près du consommateur, souvent en Europe. Les entreprises affichent ce qu'elles nomment un juste prix transparent et font d'ailleurs peu de soldes, quand un produit n'est plus accessible il faudra attendre plusieurs mois, le temps d'une nouvelle production où les matières premières sont elles aussi choisies pour leur caractère éthique et même les banques qui financent l'entreprise sont choisies pour leur caractère coopératif, elles n'ont pas encore véritablement de label européen mais plusieurs plateformes leur sont dédiées sur le Net, comme « slow we are » en France ou « sustainable fashion matters » à Berlin qui proposent de localiser les marques européennes slow et d'en faire la promotion.
– Merci Ève, à la semaine prochaine.

Entrainement 3
 page 98

– Alors ça peut paraître assez inattendu mais lorsque nous envoyons un email notre geste a un impact sur l'environnement et d'après un sondage que vous nous révélez ce matin sur RTL, 40 % des Français seulement ont conscience du lien entre leur ordinateur, leur téléphone et le réchauffement climatique.
– Oui car le numérique est virtuel donc on ne se rend pas compte mais il y a un impact bien réel. Les émissions mondiales de gaz à effet de serre liées à Internet ont dépassé cette année celles du transport aérien. Quand vous faites une recherche sur Google vous émettez l'équivalent de 7g de CO_2, c'est l'énergie qu'il faut pour faire fonctionner les machines qui envoient, qui transportent et qui stockent les informations. Alors ce sondage réalisé pour le forum international de la météo montre que 40 % seulement des Français savent qu'il y a un impact négatif du numérique sur l'environnement. Parmi les gestes qui permettent de le réduire on peut nettoyer fréquemment sa boîte mail, lutter contre les spams, se désabonner des newsletters qui encombrent nos messageries, mais on peut faire aussi de grosses économies en éteignant sa box le soir ou quand on part en vacances, et surtout en évitant de regarder trop de films sur internet. Ça c'est le plus impressionnant, quand vous visionnez un film en streaming pendant 2 heures vous êtes connectés à un serveur, votre batterie consomme. L'ADEME, l'agence de l'environnement a calculé que fabriquer un DVD était moins polluant qu'un seul visionnage sur le web. Alors le numérique a aussi des impacts positifs, c'est moins de papier, moins d'arbres coupés, les thermostats connectés font faire des économies d'énergie. Mais pour l'instant, les avantages pour le climat sont loin de compenser la pollution. Deux recherches sur Google consomment autant d'énergie que faire bouillir une casserole d'eau pour préparer son thé.